KB021283

불멸의 언어

그리스 로마 신화 속으로

불멸의
의
언어

권 혁 진 지음

S 성공신화 R&D

'거인의 어깨에 올라서서 더 넓은 세상을 바라보라'

– 아이작 뉴턴 –

| 프롤로그 |

2023년 8월 17일 오전. 제1야당 대표가 '백현동 개발 특혜 의혹' 관련 조사를 받기 위해 서울중앙지검에 출석하고 있었다. 현장은 뉴스 속보로 생중계됐다. 그는 비장한 표정으로 서울중앙지검 인근에 마련된 단상에 올라 이같이 말했다.

"비틀어진 세상을 바로 펴는 것이 이번 생의 소명이라 믿습니다. 어떤 고난에도 굽힘 없이 소명을 다할 것입니다. 기꺼이 시지프스가 될 것입니다."

'시지프스'라고? 나는 귀를 의심했다. 아니나 다를까 이날 야당 대표 못지않게 언론의 주목을 받은 자는 시지프스였다. '시지프스가 되겠다'는 발언을 두고 언론에서도 시끄러웠을 뿐만 아니라 하루 종일 여야 공방이 오갔다. 그리고 그가 남긴 말은 지금도 유령처럼 유튜브에 떠돌아다니고 있다.

어쩌면 시지프스의 운명을 카뮈의 수필집 《시지프 신화》에서 인용했을지도 모른다. 하지만 대다수 사람들이 시지프스를 어떤 인물로 알고 있는지를 간과해서는 안 된다. 시지프스는 그리스 로마 신화에 나오는 인물이다. 그는 신을 기만하고 약은꾀를 부린 댓가로 지옥으로 떨어져 산 정상까지 바위를 굴려 올리는 일을 무한 반복하는 형벌을 받은 자다.

이 사건으로 각종 언론과 매스컴에서 자주 언급되거나, 우리가 일상생활에서 은연중에 쓰고 있는 그리스 로마 신화에서 유래된 언어들을 명확하게 정의할 필요성을 느꼈다. 그래서 나는 얼마 전 출간한 《므네모시네의 그리스 로마 신화》에 이어《불멸의 언어》를 출간하게 되었다.

그리스 로마 신화는 신화의 차원을 넘어 문학과 예술을 비롯해 철학, 심리학, 인류학, 역사학, 자연과학에 이르기까지 모든 분야에 막대한 영향을 끼쳤다. 그뿐만 아니라 지금도 우리 생활 속 깊숙이 스며들어 살아 움직이고 있다.

우리가 사용하고 있는 언어들을 살펴보면 금방 이해할 수 있다. 판도라의 상자, 아킬레스건, 미다스의 손, 미궁, 패닉, 멘토, 뮤즈, 태풍 등 모두 그리스 로마 신화에서 유래된 것들이다.

그리스 로마 신화가 현대사회에서 상식이 된 지 이미 오래다.

하지만 방대한 내용을 다 읽기가 그리 쉽지 않다. 그래서 이 책에서는 그리스 로마 신화에서 유래된 시사용어를 비롯하여 일상생활에서 자주 접하거나 반드시 알아야 할 언어들을 명쾌하게 정의하고, 그 언어를 탄생시킨 신화 이야기들을 상쾌하게 정리하였다.

루이스의 소설을 영화화한 《나니아 연대기》에서 막내 루시가 옷장 문을 활짝 열어젖히자 환상적인 세상이 펼쳐진다. 이처럼 루시가 옷장 문을 열고 신비한 '나니아 왕국'으로 들어가듯 이 책 또한 그리스 로마 신화 속으로 들어가는 입문서가 되길 바란다.

언어는 힘이 있다. 스토리가 있는 언어는 강력한 힘이 있다. 무엇보다 그리스 로마 신화 속 수천 년의 신비한 스토리를 간직한 언어는 압도적인 힘이 있다. 오늘날에도 우리 삶 속에 살아 움직이며 엄청난 영향력을 미치고 있는 신화 속 '불멸의 언어'에 경의를 표한다.

| 차례 |

1장 시사로 읽는 그로신

01 판도라의 상자 · 17

02 아킬레스건 · 26

03 미다스의 손 · 32

04 시지프스 · 36

05 에리시크톤 · 42

06 정의의 여신 · 46

07 나르시시즘 · 50

08 피그말리온 효과 · 55

09 프로크루스테스의 침대 · 60

10 거인의 어깨에 올라서서 · 65

11 미궁 · 69

12 패닉 · 75

13 멘토 · 80

14 파에톤 콤플렉스 · 86

15 오이디푸스 콤플렉스 · 93

2장 브랜드로 읽는 그로신

16 세이렌과 스타벅스 · 105

17 메두사와 베르사체 · 111

18 니케와 나이키 · 116

19 바쿠스와 박카스 · 119

3장 어원으로 읽는 그로신

20 무사와 뮤즈 · 129

21 티폰과 태풍 · 134

22 밀키웨이와 은하수 · 138

23 에코와 메아리 · 143

4장 별자리로 읽는 그로신

24 오리온자리와 전갈자리 · 149

25 큰곰자리와 작은곰자리 · 152

26 카시오페이아와 안드로메다자리 · 156

27 뱀주인자리 · 161

5장 지명으로 읽는 그로신

28 에우로페의 발자취 유럽 · 171

29 헬렌과 그리스 · 175

30 아테나의 도시 아테네 · 179

31 아폴론의 도시 델포이 · 184

6장 원전으로 읽는 그로신

32 로미오와 줄리엣 · 191

33 임금님 귀는 당나귀 귀 · 195

7장 꽃으로 읽는 그로신

34 아네모네 꽃이 된 아도니스 · 203

35 수선화로 피어난 나르키소스 · 206

36 히아신스가 된 히아킨토스 · 209

37 헬리오트로피움과 클리티아 · 212

8장 변신이야기로 읽는 그로신

38 자고새가 된 페르딕스 · 219

39 거미로 변한 아라크네 · 223

40 사자가 된 아탈란테와 히포메네스 · 228

불멸의 언어

그리스 로마 신화 속으로

1장

시사로 읽는
그로신

01 판도라의 상자

02 아킬레스건

03 미다스의 손

04 시지프스

05 에리시크톤

06 정의의 여신

07 나르시시즘

08 피그말리온 효과

09 프로크루스테스의 침대

10 거인의 어깨에 올라서서

11 미궁

12 패닉

13 멘토

14 파에톤 콤플렉스

15 오이디푸스 콤플렉스

01

판도라의 상자

'판도라의 상자가 열렸다'라는 뜻은 금기시되던 사실이나 엄청난 비밀이 세상 밖으로 드러났을 때 흔히 쓰이는 말이다. 각종 언론과 매스컴을 통해 '판도라의 상자가 열렸다'라는 말을 종종 접할 수 있다.

온 나라를 떠들썩하게 만들었던 대장동 사건과 가상화폐 '테라·루나' 폭락 사태에 관한 보도가 다음과 같이 일부 매체의 헤드라인을 장식했다.

이재명 사법 리스크 다시 고개⋯ "판도라의 상자 열렸다"

출처: YTN. 2023. 12. 1.

테라·루나사태, 판도라 상자 열리나... 권도형 체포에 숨죽인 주변 인물들

출처: 조선일보. 2023. 3. 16.

판도라는 그리스 로마 신화에 나오는 인류 최초의 여성이다. 판(pan)은 '모든'이란 뜻이고, 도라(dora)는 '선물'이란 뜻으로 판도라(Pandora)는 '모든 선물'을 의미한다.

그리스 로마 신화에 따르면 판도라의 상자*는 제우스가 인간을 벌하기 위해 판도라와 함께 인간 세상에 내려보낸 상자이다. 판도라의 상자 안에는 인간에게 불행을 가져다줄 온갖 죄악과 재앙이 들어있었다. 이 때문에 판도라의 상자는 재앙의 근원 또는 인류의 불행과 희망을 상징하는 대표적인 용어가 되었다.

---

* 원래 '판도라의 항아리'였는데 '판도라의 상자'로 오역되었다고 한다. 그 후 영국의 화가인 단테 가브리엘 로세티의 작품 '판도라'에서 항아리가 상자로 그려지면서 대중에게 상자로 널리 알려졌다. 현재는 보편적으로 '판도라의 상자'로 쓰이고 있다.

신화 속으로

프로메테우스

티탄과 기간테스를 비롯한 모든 괴물들을 쓸어버리고 평화가 깃든 세상은 이제 인류를 맞이할 만반의 준비가 되었다. 제우스는 티탄 신족인 프로메테우스와 에피메테우스 형제*에게 인간과 동물을 만들 것을 명령하였다.

프로메테우스는 예지력이 뛰어나고 손재주가 대단한 장인 신이었다. 반면 동생 에피메테우스는 형 못지않게 손재주는 좋지만 앞뒤를 생각하지 않고 충동에 따라 행동하는 어리석은 자였다.

---

* 프로(pro)는 '앞'이라는 뜻이며, 메테우스(metheus)는 '생각하는 자'란 뜻으로 프로메테우스(Prometheus)는 '앞을 내다보며 생각하는 자'를 의미한다. 반면 에피(epi)는 '뒤'란 뜻으로 에피메테우스(Epimetheus)는 '뒤늦게 생각하는 자'란 뜻이다.

에피메테우스는 인간을 만들기에 앞서 먼저 동물을 만들었다. 그는 인간을 생각지 않고 동물에게 털가죽과 민첩함, 날개와 깃털, 단단한 껍질 등 온갖 좋은 것들을 모두 나눠주었다. 이 때문에 인간에게 줄 만한 것은 아무것도 남은 게 없었다.

프로메테우스는 동생의 실수를 만회하고 인간을 우월하게 만들기 위해 고심을 거듭했다. 그는 먼저 인간을 동물보다 더 고귀한 형체로 빚어 신들처럼 똑바로 서서 걸을 수 있도록 만들었다. 그런 다음 태양에서 횃불에 불을 붙여와 인간에게 전해 주었다. 프로메테우스가 선물한 불은 나약한 인간을 보호해 줄 훌륭한 수단이었다.

프로메테우스는 신의 특권인 불을 훔치는 데 그치지 않고 지나치게 자신이 만든 인간의 편에 섰다. 그는 신에게 바치는 제물을 교묘히 포장해 오로지 기름 덩어리와 뼈만 바치고, 인간에게는 육질이 좋은 부위를 나눠 주었다. 살코기 대신 기름 덩어리와 뼈를 제물로 받은 제우스는 분노했다.

화가 난 제우스는 먼저 프로메테우스로부터 불을 받고 그를 숭배하는 인간에게 엄청난 재앙을 몰고 올 여자를 만들어 내려보내기로 했다. 그런 다음 인류의 편에 서 있는 프로메테우스에게 복수하겠노라고 맹세했다.

《불을 전하는 프로메테우스》, 하인리히 프리드리히 퓌거, 1871년

판도라

제우스는 헤파이스토스에게 아름다운 여인의 형상을 흙으로 빚어 만들게 했다. 그런 다음 모든 신들이 그녀에게 온갖 선물을 베풀어 주었다. 아테나는 예쁜 옷과 허리띠를 둘러주고, 머리에는 화환을 꾸며 치장해 주었다. 아프로디테는 인간에게 사랑받을 수 있도록 매력을 부여해 주었으며, 헤르메스는 아름다운 목소리와 영악한 마음 그리고 교묘한 말솜씨를 선물하였다.

신들은 재앙을 불러올 아름다운 처녀를 다 만든 후 그녀를 모든 선물을 의미하는 '판도라'라고 불렀다. 이전에 프로메테우스가 오직 남자만 만들었기 때문에 판도라는 제우스가 인간 세상에 내려보낸 최초의 여자였다. 그 후 판도라로부터 여인 종족이 생겨나게 되면서 여인들은 모두 판도라의 천성을 타고난 존재가 되었다.

신들은 판도라에게 온갖 해로운 것들을 상자에 넣어 건네주면서 절대 열어보지 말라고 주의를 주었다. 그런 다음 제우스의 명령에 따라 헤르메스는 호기심과 사악함을 숨겨둔 판도라를 에피메테우스에게 데려갔다.

에피메테우스는 제우스가 주는 선물을 절대 받지 말라는 형 프로메테우스의 경고를 까맣게 잊고 있었다. 에피메테우스는 예쁘고 사랑스러운 판도라를 보고 첫눈에 반해 그녀를 아내로 덥석 맞아들였다.

≪판도라(Pandora)≫, 존 윌리엄 워터하우스, 1896년

그러던 어느 날 판도라는 호기심을 이기지 못하고 결국 신들에게 받은 상자를 열어보았다. 그러자 상자 안에 있던 근심, 걱정, 고통, 불행, 질병 등 온갖 죄악과 재앙이 뛰쳐나와 세상 밖으로 퍼져 나갔다. 판도라는 황급히 상자 뚜껑을 닫았지만 이미 때늦은 뒤였다. 이때 미처 빠져나오지 못한 단 한 가지가 상자 안에 그대로 남아 있었다. 그것은 희망이었다.

그 이후 인간들은 비록 삶에 고통과 시련이 따를지라도 아직 희망이 남아 있기에 이를 견디며 살아가게 되었다.

프로메테우스의 형벌

인간을 벌한 후 이번에는 인간을 감싸고도는 프로메테우스를 벌할 차례였다. 제우스는 힘의 신 크라토스와 폭력의 신 비아를 시켜 프로메테우스를 잡아들이게 했다. 그런 다음 대장장이 신 헤파이스토스가 만든 견고한 쇠사슬로 카우카소스산 절벽에 그를 묶어 놓았다. 그리고 독수리를 날려 보내 프로메테우스의 간을 파먹게 했다.

독수리가 매일 같이 날아와 그의 간을 쪼아 먹지만 불멸의 신 프로메테우스의 간은 끊임없이 재생되어 계속되는 고통을 받아야 했다. 그가 겪은 고통은 황금 사과를 찾기 위해 지나가던 헤라클레스가 구원해 줄 때까지 3천년이나 지속되었다.

　제우스가 프로메테우스에게 형벌을 가한 또 다른 이유가 있었다. 제우스는 언젠가 자신을 권좌에서 몰아내고 신들을 천상에서 쫓아낼 아들이 태어나리라는 예언을 들은 적이 있었다. 그 아들을 낳을 여인*이 누구인지는 예지력이 뛰어난 프로메테우스만이 알고 있었기 때문에 그 비밀을 털어놓도록 만들기 위해서였다.

　하지만 프로메테우스는 부당한 권력 앞에 절대 무릎 꿇지 않았으며 어떠한 협박과 회유에도 굴복하지 않았다. 비록 제우스가 프로메테우스의 육신을 묶어놓을 수 있었지만, 그의 정신만은 결코 묶어둘 수 없었다.

＊　제우스는 나중에 그녀가 바다의 여신 테티스라는 사실을 알게 되었다. 프로메테우스의 예언이 두려웠던 제우스는 서둘러 테티스를 인간 펠레우스와 결혼시켰다. 그 후 테티스와 펠레우스 사이에서 트로이 전쟁의 위대한 영웅 아킬레우스가 태어나게 된다.

02

아킬레스건

'아킬레스건'은 트로이 전쟁의 위대한 영웅 아킬레우스의 이름에서 유래된 말이다.

그리스 로마 신화에 따르면 바다의 여신 테티스는 아들 아킬레우스가 태어나자 불사의 몸으로 만들기 위해 스틱스 강에 몸을 담갔다. 이때 발목을 잡고 담그는 바람에 신비의 강물에 젖지 않은 발뒤꿈치 부위가 그의 유일한 약점이 되었다. 결국 트로이 전쟁에서 아킬레우스는 이 부위에 화살을 맞고 죽게 된다.

이처럼 '아킬레스건'은 치명적인 약점을 비유적으로 이르는 말로 쓰인다.

김건희 여사의 '도이치모터스 주가조작' 의혹이 불거지면서 각종 매스컴에서 연일 이 문제를 다루었다. 이와 관련하여 윤 대통령이 김건희 특검법에 대한 거부권을 행사하면서 한 언론사는 다음과 같이 보도했다.

尹, 김건희 특검 거부권 "'이재명 방탄'과 똑같아… 최대 아킬레스건"

윤석열 대통령 부인 김건희 여사의 도이치모터스 주가조작 의혹을 수사할 특별검사 임명을 위한 법안이 28일 국회를 통과했다. 대통령실에서 즉시 거부권을 행사하면서 총선에도 악영향을 미칠 것이란 분석이 나오고 있다.

전문가들은 김 여사 특검에 대한 거부권 행사가 총선을 4개월 앞둔 국민의힘에 큰 부담이 될 것이라는 분석과 함께 윤 대통령의 1호 가치관인 '공정과 상식'마저 무너뜨렸다고 평가했다.

출처 : 이데일리. 2024. 1. 11.

스틱스

스틱스는 티탄 신족인 오케아노스와 티탄 여신 테티스[*] 사이에서 태어난 3000명의 딸들 중 맏딸이었다. 스틱스는 티탄 신족 팔라스와 결혼하여 열의와 질투의 신 젤로스, 승리의 여신 니케, 권력의 신 크라토스, 폭력의 여신 비아 등 네 자녀를 낳았다.

스틱스는 이승과 저승의 경계를 이루는 강을 지배하는 여신으로 지류로 나뉘어 하데스의 나라를 아홉 물굽이로 감싸고 흘렀다. 망자는 모두 저승의 뱃사공인 카론의 배를 타고 스틱스 강을 건너야 했다.

---

[*] 티탄 테티스(Tethys)와 아킬레우스의 어머니인 강의 여신 테티스(Thetis)는 서로 다르다.

이때 반드시 뱃삯을 지불해야만 저승으로 갈 수 있었다. 먼 길 떠나는 망자의 두 눈 위에 동전을 올려놓거나 입에 동전 한 닢을 물려주는 것은 이 때문이었다. 노잣돈이 없는 망자는 저승에 들어가지 못한 채 스틱스 강가를 영원히 떠돌게 되었다. 그러므로 망자에게 뱃삯을 챙겨주는 일은 장례에서 매우 중요한 의식이었다.

또한 카론은 정당하게 매장되지 못한 죽은 자의 영혼도 배에 태워주지 않았다. 이 영혼들은 편히 쉴 곳을 찾지 못한 채 100년 동안 떠돌아다녀야 할 운명이었다.

스틱스 강에 대고 한 맹세

제우스가 티탄 신족과 전쟁을 치를 때 스틱스는 네 자녀와 함께 제우스 편에 서서 도와주었다. 제우스는 이들의 공적을 높이 사 신들에게 중요한 약속을 할 때 스틱스의 이름을 걸고 맹세하도록 명령했다.

그 후 신들은 스틱스 강에 대고 하는 위대한 맹세를 가장 구속력 있는 약속으로 여겼다. 또한 제우스는 스틱스의 네 자녀 젤로스, 니케, 크라토스, 비아를 곁에 두고 자신을 지키게 했다.

모든 신들은 물론이고 제우스 자신도 스틱스 강에 대고 맹세한 약속은 결코 어길 수 없었다. 어떤 신이든 이를 어기면 1년 동안

숨을 쉬지 못하고 목소리도 낼 수 없었으며 암브로시아와 넥타르를 입에 댈 수도 없었다.

그 후에도 9년 동안 올림포스에서 추방되어 신들의 모임에 참석하는 것이 금지되었다. 이렇게 10년간 영어의 몸이 되고 나서야 비로소 신들의 일상으로 돌아갈 수 있었다.

《스틱스 강에 아들 아킬레우스를 담그는 테티스》, 앙투안 보렐, 18세기

신비의 강 스틱스

스틱스 강물에 몸을 담근 자는 몸이 강철과 같이 단단해져 어떤 무기로도 뚫을 수 없었다. 바다의 여신 테티스는 인간 펠레우스와 사이에서 낳은 아들 아킬레우스를 스틱스 강물에 담가 무적의 전사로 만들기를 원했다. 하지만 발목을 손으로 잡고 담그면서 신비의 강물에 젖지 않은 발뒤꿈치 부위가 아킬레우스의 유일한 약점으로 남았다.

결국 트로이 전쟁 때 아킬레우스는 이 발뒤꿈치에 트로이의 왕자 파리스가 쏜 화살을 맞고 죽음을 맞게 되었다.

03

미다스의 손

'미다스의 손(Midas touch)'이란 손대는 일마다 재정적인 성공을 이뤄내는 능력을 지닌 사람, 혹은 그런 능력을 일컫는 말로 널리 쓰인다. 예컨대 더본코리아 백종원 대표는 외식업계의 '미다스의 손'으로 알려져 있다.

'외식업 미다스의 손' 백종원과 창녕군 '지역경제 활성화' 맞손

경남 창녕군은 지역경제 활성화를 위해 ㈜더본코리아와 상생발전 업무 협약을 체결했다고 3일 밝혔다. 군은 지난 2일 군정 회의실에서 성낙인 군수와 백종원 더본코리아 대표 등이 참석한 가운데 협약을 체결했다.

출처: (창녕=뉴스1) 2023. 11. 3.

미다스는 그리스 로마 신화에 나오는 프리기아 왕국의 왕으로
선대 고르디아스 왕의 아들이었다. 매우 탐욕스러웠던 미다스는 재
산이 엄청나게 많았음에도 불구하고 더 많은 부귀영화를 원했다.

　　미다스는 포도주의 신 디오니소스로부터 손에 닿는 모든 것을
황금으로 변하게 하는 능력을 얻었다. 그러나 황금 손은 그에게
큰 재앙으로 다가왔다.

《미다스와 디오니소스》, 니콜라 푸생, 1629-30년

미다스

어느 날 포도주를 마시고 거나하게 취해 길을 잃고 헤매던 실레노스를 농부들이 잡아 미다스 왕에게 데려갔다. 미다스 왕은 그를 한눈에 알아보고 정중하게 모셨다. 미다스는 열흘 밤낮으로 연회를 베풀어 후하게 대접한 뒤 실레노스를 디오니소스에게 데려갔다.

마침 스승이자 양아버지인 실레노스의 행방을 찾고 있던 디오니소스는 기뻐하며 그 보답으로 미다스 왕에게 소원을 한 가지 들어주겠노라고 약속했다.

미다스는 자신의 손길이 닿는 것이면 무엇이든 황금으로 변하게 해달라고 간청해 황금 손을 갖게 되었다. 나뭇가지, 돌멩이,

조각물 할 것 없이 자신의 손길이 닿는 순간 모두 황금으로 변하자 놀라움을 금치 못했다.

하지만 황금 손은 곧 재앙으로 다가왔다. 미다스는 음식을 먹으려고 손을 대는 순간 모두 황금으로 변해 아무것도 먹을 수가 없었다. 심지어 자신의 사랑하는 딸을 안는 순간 황금 조각상으로 변해버렸다.

미다스 왕은 세상에서 가장 부유하지만, 물 한 모금 빵 한 조각조차 먹을 수 없게 되어 굶어 죽을 지경에 이르렀다. 황금에 진저리가 난 그는 황금의 '황'자만 들어도 몸서리가 쳐졌다. 미다스는 자신의 소원이 어리석었음을 깨닫고 디오니소스에게 원래대로 되돌려 줄 것을 간청했다.

미다스 왕의 간절한 기도를 들은 디오니소스는 그에게 팍톨로스 강*에 몸을 담가 죄를 씻으라고 명령했다. 팍톨로스 강에 몸을 씻은 후 미다스는 본연의 모습으로 되돌아올 수 있었다.

＊ 미다스가 몸을 씻을 때 그에게 주어진 권능이 강물에 녹아 팍톨로스 강은 금빛 모래와 사금이 많이 나기로 유명해졌다고 전한다.

04

시지프스

시지프스는 그리스 로마 신화에 나오는 코린토스(코린트)의 왕으로 교활하고 꾀가 많기로 유명했다.

시지프스는 신을 기만하고 약은꾀를 부린 죄로 지옥에 떨어져 형벌을 받은 인물이다. 바위를 산 위로 굴려 올려놓으면 다시 굴러떨어지고, 떨어진 바위를 다시 굴려 올리는 일을 영원히 반복하게 된다.

2023년 8월 17일 오전 10시경 더불어민주당 이재명 대표가 백현동 개발 특혜 의혹 관련 조사를 받기 위해 서울중앙지검에 출석하고 있었다.

그는 서울중앙지검 인근에서 지지자들 앞에 마련된 단상에 올라 다음과 같이 말했다.

"어떤 고난에도 굽힘 없이 소명을 다할 것입니다. 기꺼이 시지프스가 될 것입니다."

출처: 연합뉴스TV. 2023. 8. 17.

언론 등 매스컴에서도 이재명 대표의 '시지프스' 발언을 두고 하루 종일 시끄러웠다.

이 때문에 정치권에선 이 대표가 자신을 시지프스에 빗댄 것을 두고 "무기징역형을 자처한 것이냐"는 조롱이 이어졌습니다. 국민의힘 강민국 수석대변인은 17일 논평에서 "이 대표가 그릇된 욕심으로 남을 속인 시지프스를 자처했다"며 "영원한 형벌을 받겠다는 것"이라고 지적했습니다. 그러면서 "이 대표는 알고 있는가. 시지프스는 애초에 욕심이 많았고, 속이기를 좋아했다"며 "이 대표와 참으로 닮은 시지프스, 끝없는 죗값을 받았던 그 결말도 같을 것"이라고 썼습니다.

출처: 동아일보. 2023. 8. 22.

신을 기만하고 잔꾀를 부린 시지프스

강의 신 아소포스에게 20명의 딸이 있었는데 그중에 아이기나가 유독 아름다웠다. 어느 날 아이기나를 본 제우스는 커다란 독수리로 변신해 그녀를 낚아채서 오이노네섬으로 데려갔다. 때마침 시지프스가 이 현장을 목격하게 되었다.

아소포스는 사라진 딸을 찾아 그리스 전역을 돌아다녔지만 아무 소용이 없었다. 강의 신 아소포스를 만난 시지프스는 아이기나의 행방을 알려주는 조건으로 아크로폴리스에 샘물이 솟아나게 해달라고 요구했다. 그 당시 코린토스의 왕이 된 시지프스는 늘 물 부족으로 고생하는 백성들을 걱정하고 있을 때였다.

강의 신 아소포스가 흔쾌히 그의 요구를 들어주자 시지프스는 커다란 독수리 한 마리가 아이기나를 채서 오이노네섬으로 날아가는 것을 보았다고 했다. 그 독수리는 변신한 제우스가 틀림없으니 오이노네섬으로 가면 딸을 찾을 수 있을 것이라 일러주었다.

강의 신 아소포스는 당장에 오이노네섬으로 쳐들어가 제우스에게 딸을 내놓으라고 요구했다. 그러자 제우스는 벼락을 내려 아소포스를 원래의 물줄기로 되돌려 보냈다.

제우스는 죽음의 신 타나토스에게 명령하여 고자질한 시지프스를 저승으로 데려가게 했다. 하지만 꾀 많은 시지프스는 타나토스가 자신을 죽음의 포승줄로 묶으려 하자 밧줄이 어떻게 작동하는지 궁금하다며 한 번만 만져보게 해달라고 부탁했다. 밧줄을 넘겨받은 시지프스는 갑자기 타나토스에게 달려들어 그를 꽁꽁 묶어 토굴에 가둬버렸다.

죽음의 신이 움직일 수 없게 되자 지상에서는 아무도 죽는 사람이 없었다. 이는 세상의 질서를 어지럽히는 일이었다. 제우스는 전쟁의 신 아레스를 코린토스 왕궁으로 보내 타나토스를 풀어주고, 타나토스에게 다시 시지프스를 잡아 저승으로 데려가게 했다.

시지프스는 저승으로 끌려가기 전에 아내 메로페에게 자신이 죽은 뒤에 절대로 장례를 치르지 말라고 신신당부했다. 메로페는 남편의 말을 의아하게 여겼지만 그대로 따를 수밖에 없었다. 하데스는 지상에서 시지프스의 장례가 치러지지 않자 이를 이상히 여겨 그에게 무슨 연유인지 물었다.

시지프스는 아내의 행실을 한탄하며 다시 지상으로 보내주면 아내의 잘못을 벌하고 돌아오겠다고 하였다. 이에 하데스는 망자의 장례를 치르지 않는 것은 자신을 존중하지 않는 짓이라 여겨 그를 다시 지상으로 돌려보냈다.

시지프스의 형벌

세상으로 올라온 시지프스는 지하세계로 다시 돌아가지 않고 조용히 숨어 살았다. 하지만 인간은 언젠가 죽음을 맞이하게 될 운명이라 결국 시지프스[*]는 죽어 저승으로 가게 되었다. 하데스는 신을 기만하고 약은꾀를 부린 시지프스에게 다시는 딴생각을 하지 못하도록 잠시도 쉴 수 없는 벌을 내렸다.

집채만 한 바위를 두 손으로 밀어 산꼭대기에 올려놓으면 바위는 다시 들판으로 굴러 내렸고, 또다시 내려가 떨어진 바위를 굴려 올리는 일을 영원히 반복하게 했다. 기를 쓰며 바위를 굴려 올리는 그의 사지에서는 땀이 비 오듯 흘러내렸고, 머리 위로는 하얀 먼지가 구름처럼 일었다.

---

[*] 시지프스를 시시포스, 시지푸스, 시지프 등으로 표기하기도 한다.

≪시지프스≫, 티치아노 베첼리오, 1548-1549년

05

에리시크톤

에리시크톤은 그리스 로마 신화에 등장하는 테살리아의 왕이다. 에리시크톤 왕은 무례하고 불경스러웠을 뿐만 아니라 신들을 경멸하는 오만한 자였다.

한 매체에서는 재계 순위 15위 카카오의 창업자 김범수 전 이사회 의장이 금감원 포토라인에 서게 되자 그를 에리시크톤에 비유하기도 했다.

탐욕과 거짓말, 먹튀, 오만… 어쩌다 카카오는 이런 기업이 됐을까.
자본주의의 괴물 '에리시크톤'을 연상케 하는 카카오

도덕적 해이를 넘어 법위를 걷기 시작한 카카오. 임원진의 사법 리스크를 넘어, 신사업 전체를 떼어내야 할 위기에 처했습니다. 탐욕과 오만스러운 행동을 하다 제살을 뜯어먹는 카카오가 에리시크톤과 겹쳐 보입니다.

출처: SBS. 2023. 10. 26.

고대 그리스인들은 다양한 자연의 영역에 깃든 님페들의 존재를 신성시 여겨 자연을 함부로 훼손하지 않았다. 이를 함부로 훼손하는 경우 신들의 저주가 내린다고 여겼기 때문이었다.

특히 대지의 여신 데메테르는 자연을 파괴하는 자를 엄벌에 처했다. 이 때문에 에리시크톤의 이야기는 탐욕뿐만 아니라 환경파괴를 경고하는 비유로도 자주 언급되고 있다.

오만하고 탐욕스런 에리시크톤

어느 날 테살리아의 왕 에리시크톤은 데메테르 여신께 봉헌된 신성한 숲의 나무를 잘라 사용하려고 했다. 주위 사람들과 데메테르 여신의 경고에도 불구하고 에리시크톤은 이를 무시했다. 결국에는 여신이 소중히 여기는 커다란 떡갈나무까지 손을 대기에 이르렀다.

떡갈나무는 두려움에 부르르 떨며 신음 소리를 냈다. 신하 한 명이 이를 말리자 에리시크톤은 그자의 목을 도끼로 쳐버리고 떡갈나무를 찍어내기 시작했다. 이때 도끼에 찍힌 아름드리나무에서 피가 흥건히 흘러내렸다. 데메테르 여신의 사랑을 입어 나무에 깃든 님페 하마드리아데스가 흘린 피였다.

거대한 떡갈나무가 쓰러지면서 토해낸 신음 소리가 온 숲에

울려 퍼졌다. 에리시크톤의 무례한 행동에 격노한 데메테르는 그에게 무시무시한 형벌을 내렸다.

에리시크톤의 형벌

데메테르 여신은 허기의 여신 리모스에게 명령해 에리시크톤에게 아무리 먹어도 영원히 채워지지 않는 굶주림에 시달리게 했다. 데메테르의 명을 받은 리모스는 잠들어 있는 에리시크톤에게 다가가 뼈만 남은 앙상한 팔로 그를 감싸 안았다. 그리고 허기의 숨결을 내뱉어 그의 뱃속과 혈관에 스며들게 해 그를 굶주림으로 가득 채웠다.

잠에서 막 깨어난 에리시크톤은 걷잡을 수 없는 식욕을 느끼며 미친 듯이 음식을 찾았다. 그는 닥치는 대로 음식을 먹어 치웠지만 허기는 전혀 가시지 않았다. 오히려 음식을 먹으면 먹을수록 더욱더 식욕을 자극할 뿐이었다. 심지어 고깃덩어리를 목구멍 속으로 밀어 넣는 동안에도 허기가 느껴졌다.

결국 자신의 모든 재산을 허기를 채우는 데 탕진하고 급기야 하나뿐인 딸 메스트라까지 팔아먹었다. 그러고도 배고픔이 가시지 않자 제 입으로 자신의 팔다리를 뜯어먹기 시작했다. 그것도 모자라 자신의 몸통까지 모두 뜯어 먹은 후 입만 남은 채 계속 음식을 탐하였다.

06

정의의 여신

정의의 여신 디케는 별칭으로 별처녀를 뜻하는 '아스트라이아'로 불리기도 한다. 로마 신화의 유스티티아와 동일시된다. 유스티티아(Justitia)는 정의(justice)의 어원이 되었다.

각종 비리 스캔들로 인해 사임한 조국 전 법무부 장관이 '대한 검국에 맞선 조국의 호소'란 부제를 단 자서전 '디케의 눈물'을 출간했다. 연합뉴스는 그와 관련된 내용을 다음과 같이 보도했다.

정의는 복수가 아니라면서… 정의의 여신 부르짖은 조국

조국 전 법무부 장관은 최근 자신의 저서 '디케의 눈물'을 SNS에 홍보했다. 지난 29일 카드뉴스 형태의 게시물에서 그는 "지난 3년간 집안 전체가 풍비박산이 났으며 등에 박힌 화살을 뽑을 틈도 없이 또다른 화살이 날아와 내가슴에 박혔다"고 주장했다.

이어 "정의의 여신 디케는 복수의 여신 네메시스가 아니다"라면서 "권력, 돈, 편견, 선입견에 휘둘리지 않는 정의의 여신은 어디 있는가"라고 했다.

출처: 연합뉴스. 2023. 9. 1.

오늘날 정의의 여신상은 법을 대표하는 상징물로 여겨지고 있다. 정의의 여신상은 대체로 한 손에 양팔 저울을 들고, 다른 한 손에는 칼을 쥐고 있다. 양팔 저울은 법 앞에 모두가 평등하고 공정하다는 것을 의미하고, 칼은 법을 어긴 자를 제재할 수 있는 권위와 힘을 의미한다.

인간을 떠나버린 디케

정의의 여신 디케는 제우스와 율법의 여신 테미스 사이에서 태어났다. 테미스는 신들 사이에서 옳고 그름을 관장하는 여신이다. 그녀의 딸 디케는 필멸의 운명인 인간들의 삶 속에서 정의의 문제를 주관하였다. 정의의 여신 디케는 인간들과 함께 살면서 정의를 실현하고 정의가 훼손된 곳에 재앙을 내렸다.

황금 종족, 은의 종족을 거쳐 청동 종족에 이르며 시간이 지날수록 인간들은 더욱 사악해져 갔다. 마침내 철의 종족이 세상을 지배하면서 인간들은 극도로 사악해지고 그들의 타락은 극에 달했다. 더 이상 재앙을 물리칠 방도가 없자 정의의 여신 디케는 인간을 버리고 대지를 떠나버렸다.

정의의 여신상

유럽 국가들의 법원이나 시청 등에 있는 정의의 여신상은 크게 세 가지로 나눠볼 수 있다. 눈가리개를 하고 있는 경우, 눈을 감고 있는 경우, 그리고 눈을 뜨고 경우가 있다.

정의의 여신상이 두 눈을 가리고 있거나 눈을 감고 있는 것은 선입관이나 편견이 없는 공정한 판결을 의미한다. 눈을 뜨고 있는 것은 꼼꼼히 살펴 정의로운 재판을 하겠다는 의미를 담고 있다.

우리나라 대법원 대법정 입구에 있는 정의의 여신상은 오른손에 양팔 저울을 들고 있고, 왼손에는 칼 대신 법전을 들고 앉아 있다. 법전은 정의 실현의 의지를 나타낸다.

우리나라 대법원에 있는 정의의 여신상의 눈은 가려져 있지 않는데, 이로 인해 지속적인 논쟁거리가 되고 있다.

07

나르시시즘

'나르시시즘'이란 자기애 또는 자아도취를 뜻한다. 나르시시즘은 정신분석학적 용어로 독일의 정신과 의사 네케가 만든 말이다. 오스트리아의 지그문트 프로이트가 나르시시즘이란 단어를 정신분석 용어로 도입하면서 널리 알려지게 되었다.

나르시시즘은 사회문화적 현상 중 하나로 이해되기도 한다. 예컨대 거울에 비친 자신의 모습이 아름답다고 생각하며 황홀경에 빠지는 것도 일종의 나르시시즘이라 할 수 있다.

'北 김정은, 공식행사서 또 눈물 뚝뚝… "나르시시즘, 본인이 뿌듯한 것"

조한범 통일연구원 선임연구위원은 지난 7월 YTN에 "(기록영화에서) 김정은은 모든 문제를 본인이 헤쳐 나가고 거기에 대해서 자아도취감을 갖는 장면들이 많이 나온다"라며 "상당수의 독재자는 나르시시즘, 자아도취형이다. 김정은은 그런 성격이 강한 것 같다. 원래 감성적인 데다가 열병식을 보면서 본인이 뿌듯한 것"이라고 풀이했다.

출처: 파이낸셜뉴스. 2023. 12. 7.

나르시시즘(narcissism)이란 말은 그리스 로마 신화에서 샘물에 비친 자신의 모습을 보고 사랑에 빠져 애만 태우다 죽은 미소년 나르키소스(Narcissos)의 이름에서 유래하였다.

그가 죽은 자리에서 한 송이 꽃이 피어났는데, 이 꽃을 그의 이름을 따서 나르시소스(narcissus, 수선화)라 불렀다.

나르키소스

나르키소스는 강의 신 케피소스와 물의 님페 리리오페 사이에서 막내로 태어났다. 리리오페는 나르키소스를 낳고 눈먼 예언자 테이레시아스에게 아들이 오래 살 수 있을지를 물어보았다. 테이레시아스는 "자기 자신을 모르면 오래 살 것"이라는 알 수 없는 대답을 했다.

아름다운 청년으로 성장한 나르키소스에게 수많은 소녀들과 님페들이 다가와 구애했다. 하지만 자존심 강한 나르키소스는 모든 이들의 사랑을 거절하였다. 나르키소스에게 상처받은 여인들 중 하나가 사랑을 잔인하게 거절한 그에게 짝사랑의 아픔을 깨닫게 해달라고 신들께 기도드렸다. 복수의 여신 네메시스가

기도에 응답하여 나르키소스에게 물에 비친 자신의 모습과 사랑
에 빠지게 만들었다.

《에코와 나르키소스》, 존 윌리엄 워터하우스, 1903년

자기애에 빠진 나르키소스

어느 날 나르키소스는 사냥을 나갔다가 맑은 샘물을 발견했다.
갈증이 난 나르키소스는 목을 축이려고 몸을 숙이다가 물에 비친

자신의 모습을 보고 사랑에 빠지게 되었다. 하지만 샘물에 손을 뻗어 그에게 닿는 순간 그는 파동 속으로 사라져 버릴 뿐이었다.

그렇게 서로를 갈망했지만 다가갈 수도 말을 건넬 수도 없었다. 그는 샘물 위에 몸을 숙이고 한 곳을 응시한 채 점점 야위어만 갔다. 결국 나르키소스는 샘물 위에 투영된 자신의 모습을 바라보며 애만 태우다가 죽고 말았다.

그는 망자들이 건너는 스틱스 강을 건널 때 물 위에 비친 자신의 모습을 한 번이라도 더 보기 위해 배 난간 위로 몸을 숙였다.

08

피그말리온 효과

'피그말리온 효과'란 타인의 기대나 관심으로 인해 결과가 좋아지는 현상을 이르는 말이다.

하버드대 심리학과의 로버트 로젠탈(Robert Rosenthal) 교수에 의해 개념이 정의되었기 때문에 '로젠탈 효과(Rosenthal effect)'라고도 한다. 간절히 원하면 반드시 이루어진다는 심리적 효과로도 쓰이고 있다.

피그말리온 효과… "지속적인 타인의 관심이 중요해"

피그말리온 효과는 타인의 기대나 관심으로 인해 능률이 오르거나 결과가 좋아지는 현상을 의미한다. 예를 들어 공부를 못하는 학생이 교사의 지속적인 칭찬과 관심을 받은 후 성적이 향상되는 것을 피그말리온 현상이라고 부른다.

'피그말리온 효과'가 공개돼 네티즌들의 이목을 집중시키고 있다. 최근 한 온라인 커뮤니티에 피그말리온 효과라는 제목의 게시물이 올라왔다. 이에 따르면 피그말리온 효과는 그리스신화에 나오는 조각가 '피그말리온'에서 유래했다.

출처: 아시아경제. 2013. 10. 29.

그리스 로마 신화에 나오는 조각가 피그말리온은 자기 이상형의 여인상을 상아로 조각하였는데 그 조각상을 사랑하게 되었다. 자신이 만든 조각상과 같은 여인을 아내로 맞이하게 해달라는 피그말리온의 간절한 기도에 응답하여 아프로디테 여신이 조각상에 생명을 불어넣어 주었다.

신화 속으로

피그말리온

아프로디테 여신을 섬기던 키프로스섬의 여인들이 그곳을 방문하는 나그네들을 박대하였다. 이에 아프로디테는 그녀들에게 저주를 내려 나그네에게 몸을 파는 방탕한 생활을 하게 만들었다.

이 섬에 피그말리온이라는 재능이 매우 뛰어난 젊은 조각가가 살고 있었다. 성적으로 문란한 여인들에게 혐오감을 느낀 그는 독신으로 살면서 오로지 조각하는 일에만 몰두했다. 자신에게는 예술 하나만으로도 충분하다고 생각했기 때문이었다.

하지만 그의 가슴 한켠에는 인간 본연의 사랑이 숨겨져 있었다. 피그말리온은 현실의 여인들을 외면했지만 눈처럼 흰 상아로 자신이 원하는 여인상을 조각하기 시작했다. 그는 능숙한 솜씨로 혼신을 다해 조각상을 다듬어 나갔다. 마침내 완성된 조각상은 곧 살아 움직일 것만 같았다.

아름다운 조각상의 그녀는 자신이 원하던 이상형이었다. 피그말리온은 조각상에 입맞춤하고 말을 걸며 살아있는 연인을 대하듯 했다. 옷을 입히고 귀고리와 목걸이도 걸어주며 아름다운 꽃도 선물하였다. 피그말리온은 자신이 만든 조각상과 사랑에 빠져버린 것이었다.

그러던 어느 날 키프로스섬의 수호신인 아프로디테 여신의 축제일을 맞이했다. 피그말리온은 여신의 제단에 제물을 바치고 자신이 만든 조각상과 같은 여인을 아내로 맞이하게 해달라고 간절히 기도하였다.

집으로 돌아온 피그말리온은 여느 때처럼 조각상의 허리를 감싸 안으며 사랑의 입맞춤을 했다. 순간 조각상의 입술에서 따스한 온기가 느껴지면서 살아있는 여인으로 변하기 시작했다. 피그말리온이 조각상을 꼭 껴안자 그녀의 얼굴에 미소와 볼그레한 홍조가 감돌았다.

피그말리온의 정성과 간절함에 감동한 아프로디테 여신이 그의 조각상에 인간의 생명을 불어넣어 준 것이었다. 피그말리온은 사랑스러운 자기 연인에게 갈라테이아라는 아름다운 이름을 지어주고 함께 행복하게 살았다.

≪피그말리온과 갈라테이아≫, 장 레옹 제롬, 1890년경

09

프로크루스테스의 침대

'프로크루스테스의 침대'란 자신만의 원칙이나 기준을 정해놓고 모든 것을 거기에 맞추려는 융통성이 전혀 없는 상태, 혹은 자신의 주장을 전혀 굽히지 않는 아집이나 편견을 비유해서 이르는 말이다.

대구 퀴어 문화축제조직위원회가 홍준표 대구시장·간부 공무원들 집시법 위반 혐의로 검찰에 고소한 사건에 대하여 한 언론에서 이렇게 보도했다.

"홍준표 시장의 정치는 프로크루스테스의 침대"

대구 퀴어 문화축제 조직위원회는 홍준표 대구시장과 대구시 간부 공무원들을 검찰에 고소했는데요, 대구시 소속 공무원과 대구 중구청 소속 공무원 5백여 명이 6월 17일 제15회 대구 퀴어 문화축제 준비를 방해해 집회 및 시위에 관한 법률을 위반했다는 겁니다. 배진교 대구 퀴어 문화축제 조직위원장은 고소장을 접수하는 자리에서 "홍준표 대구시장의 정치와 헌법은 독선과 아집으로 만든 프로크루스테스의 침대와 같다"라고 비판했습니다.

출처 : 대구MBC. 2023. 11. 24.

프로크루스테스는 그리스 로마 신화에 나오는 노상강도로 아테네 인근 케피소스 강가에 살고 있었다. 그는 지나가는 여행객을 잡아 자신의 침대에 눕힌 뒤 침대의 길이에 맞게 사지를 늘이거나 잘라내 죽인 것으로 유명했다.

프로크루스테스

테세우스는 아테네로 가는 길에 여러 차례 악당과 괴물을 물리친 후 케피소스 강에 이르렀다. 테세우스는 그곳에서 다마스테스가 운영하는 허름한 여관에 머물게 되었다. 다마스테스는 잡아 늘이는 자란 뜻을 가진 프로크루스테스라는 이름으로 더 잘 알려져 있었다.

프로크루스테스는 아테네 인근에 살면서 지나가는 여행객들을 꾀어 자신의 집에 머물게 했다. 그런 다음 손님을 자신의 침대에 눕힌 뒤 침대 길이보다 길면 긴 다리나 머리를 잘라버리고 침대보다 짧으면 사지를 늘여 잔인하게 죽였다.

여행객의 키가 침대 길이와 일치하는 경우는 단 한 번도 없었

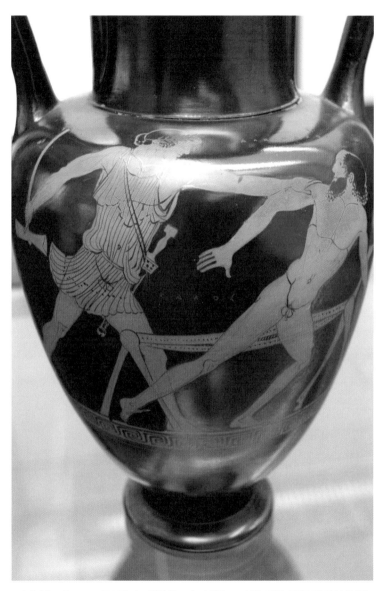

≪테세우스와 프로크루스테스≫, 적색상도기, 기원전 460년경, 뮌헨 국립고대미술박물관

다. 그 이유는 프로크루스테스의 침대에는 길이를 조절할 수 있는 장치가 있어 그 누구도 침대 길이에 딱 맞아떨어질 리가 없었다는 설과 길이가 서로 다른 두 개의 침대가 있었다는 설이 있다.

테세우스는 프로크루스테스가 여행객에 저지른 악행과 똑같은 방법으로 그를 침대에 눕혀 처단하였다.

10

거인의 어깨에 올라서서

"거인의 어깨에 올라서서 더 넓은 세상을 바라보라 - 아이작 뉴턴" 구글 학술검색창 하단부에 이와 같은 글귀가 쓰여 있다. 영국의 2파운드 동전 테두리에도 STANDING ON THE SHOULDERS OF GIANTS(거인의 어깨에 올라서서)라는 글귀가 새겨져 있다.

이는 뉴턴이 자신의 성공에 대해 "거인의 어깨에 서서 더 넓은 시야를 가지고 더 멀리 볼 수 있었기 때문"이라고 말한 것에서 따온 것이다. 뉴턴뿐만 아니라 사르트르와 스티븐 호킹스도 '거인의 어깨에 올라서서'라는 문구를 즐겨 사용했다.

이 말은 당대의 위대한 업적을 쌓은 학자들도 과거의 선구자들을 거인으로, 자신은 그들의 업적에 기대어 성과를 낸 것에 불과하다고 비유한 것이다.

[세계지식포럼 참관기] 거인의 어깨 위에 올라선 인류의 미래는

아시아 대표 글로벌 비즈니스 포럼으로 자리매김한 매경 세계지식 포럼이 올해로 24회를 맞이했다. 새로운 밀레니엄과 함께 시작한 세계지식포럼은 국제 정세와 경제 흐름에 맞는 시의적절한 주제 아래 폭넓은 지식과 세상을 이해하는 인사이트를 전해 왔다.

올해는 '테크노 빅뱅: 거인의 어깨 위에 올라선 인류'라는 주제로 '첨단 기술'이라는 거대한 어깨에 올라탄 우리 인류가 앞으로 나아 가야 할 방향에 대한 논의가 이뤄졌다.

출처: 매일경제. 2023. 9. 14.

'거인의 어깨에 올라서서' 또는 '거인의 어깨에 올라선 난쟁이' 라는 문구는 그리스 로마 신화의 거인 사냥꾼인 오리온 이야기 에서 유래되었다.

신화 속으로

오리온

오리온은 포세이돈과 크레타섬의 미노스 왕의 딸 에우리알레 사이에서 태어났다. 바다의 신 포세이돈은 아들 오리온에게 바다를 걸어 다닐 수 있는 능력을 부여해 주었다.

오리온은 키가 엄청나게 컸는데 바다에 들어가도 머리와 어깨가 수면 위로 올라올 정도였다. 오리온은 수려한 용모를 지닌 탁월한 사냥꾼으로 여신들에게 사랑과 질투의 대상이었다.

오리온은 시데라는 여인과 결혼하여 두 딸 메니페와 메티오케를 낳았다. 시데는 무척 아름다운 여인이었지만 오만했다. 결국 그녀는 헤라 여신과 미모를 겨루다가 여신의 분노를 사게 되어 지하세계인 하데스의 나라로 추방당하였다.

아내를 잃고 홀아비가 된 오리온은 오이노피온 왕으로부터 나라를 어지럽히는 야수를 처단해 달라는 부탁을 받고 키오스섬으로 갔다. 오리온은 그곳에서 오이노피온의 딸 메로페를 사랑하게 되었다. 오이노피온 왕은 오리온에게 딸을 주기로 약속했지만 차일피일 미루기만 했다. 그러던 어느 날 술에 취한 오리온이 메로페를 겁탈하였다. 이에 화가 난 오이노피온 왕은 오리온이 깊은 잠에 빠져 있을 때 그의 눈을 도려내 장님으로 만들어버렸다.

오리온은 태양신 헬리오스가 어둠을 걷어내고 세상에 빛을 주듯 자신에게도 앞을 볼 수 있는 빛을 주리라 믿었다. 눈을 잃고 장님이 된 오리온은 더듬더듬 바다를 건너 렘노스섬으로 갔다. 그곳에서 오리온은 헤파이스토스가 두드리는 망치 소리에 이끌려 대장간으로 가게 되었다.

오리온을 불쌍히 여긴 헤파이스토스는 자신의 제자 케달리온을 내주며 길을 안내하도록 지시했다. 오리온은 케달리온을 어깨에 태워 길잡이로 삼고 해가 돋는 헬리오스 궁전을 찾아 나섰다. 오리온은 자신의 믿음처럼 태양신 헬리오스의 도움으로 다시 시력을 되찾을 수 있었다.

11

미궁

미궁이란 한번 들어가면 빠져나오는 길을 쉽게 찾을 수 없게 되어 있는 곳을 말한다. 또는 사건이나 문제 따위가 복잡하게 얽혀 쉽게 해결하지 못하게 된 상태를 비유적으로 이르는 말이다.

'미궁에 빠지다', '미궁 속을 헤매다', '미궁으로 남다' 등 다양한 표현으로 쓰이고 있다.

해 넘기는 '이태원 참사' 재판 '책임 소재' 여전히 미궁 '밝혀질까'

출처: 뉴스1. 2023. 11. 25.

"8년 기다렸는데"··· 세월호, 침몰 원인 여전히 '미궁'

출처: 더팩트. 2022. 6. 11.

그리스 로마 신화에 나오는 '라비린토스'가 미궁의 기원이 되었다. 아테네의 전설적인 발명가이자 건축가인 다이달로스가 크레타의 미노스 왕의 명령을 받고 미궁 라비린토스(Labyrinthos)를 지었다.

미궁을 다른 말로 미로라고도 하는데 미로를 뜻하는 영어단어 라비린스(labyrinth)는 라비린토스(Labyrinthos)에서 유래되었다.

≪로마 시대의 모자이크 미궁도≫

신화 속으로

미노스 왕

제우스는 황소로 변신해 페니키아의 에우로페 공주를 크레타 섬으로 납치해 왔다. 에우로페는 제우스와의 사이에 세 명의 아들 미노스, 사르페돈, 라다만티스를 낳았다. 후에 에우로페는 크레타의 왕 아스테리오스와 결혼하였다. 아스테리오스는 에우로페의 아들 셋을 양자로 삼고 그의 슬하에서 자라게 했다.

에우로페와 아스테리오스 사이에 딸 크레테가 태어났으나 아들은 얻지 못했다. 아스테리오스 왕이 죽은 후 에우로페의 아들 삼 형제 사이에서 크레타의 왕위 계승 문제를 놓고 다툼이 벌어졌다. 미노스, 사르페돈, 라다만티스 삼형제는 왕위 계승 문제를 백성들의 선택에 따르기로 합의했다.

미노스는 백성들에게 자신이 신들로부터 왕권을 부여받았다고 주장했다. 그 증거로 자기가 기원하는 것은 무엇이든 이루어진다고 장담했다. 미노스는 이를 입증하기 위해 아버지의 형제인 포세이돈에게 바다에서 황소 한 마리를 보내달라고 간청했다.

미노스가 원하는 대로 포세이돈이 잘생긴 황소 한 마리를 보내주었다. 바다에서 신비로운 황소가 나타나자 백성들은 미노스를 왕으로 선택하였고 형제들은 승복할 수밖에 없었다. 이렇게 하여 미노스는 형제들을 물리치고 왕이 되었다.

미노스는 왕이 된 후 포세이돈이 보내준 황소가 탐이 나자 황소를 다시 제물로 바치겠다는 약속을 지키지 않았다. 미노스는 이 황소를 종자로 삼아 훌륭한 새끼소를 얻을 계획이었다. 그는 포세이돈이 보내준 황소를 빼돌리고 대신 다른 황소를 제물로 바쳤다.

이에 화가 난 포세이돈은 미노스의 아내 파시파에에게 저주를 내려 그녀로 하여금 제물로 바치기로 한 황소에게 감당할 수 없는 욕정을 느끼게 만들었다.

포세이돈의 저주로 기이한 욕정을 느끼게 된 파시파에는 전설적인 장인 다이달로스에게 속이 비어있는 목조 암소를 만들게 했다. 그녀는 목조 암소 안으로 들어가 황소와 관계를 맺고 반인반수의 괴물 미노타우로스를 낳았다.

미궁을 만든 다이달로스

크레타의 왕 미노스에게 미노타우로스[*]는 애물단지 같은 존재였다. 그뿐만 아니라 사람들과 짐승들을 닥치는 대로 잡아먹었기 때문에 커다란 골칫거리였다.

미노스는 천재 건축가이자 발명가인 다이달로스에게 미노타우로스를 가두어 둘 곳을 만들라고 명령했다. 아테네 출신인 다이달로스는 그 당시 조카 페르딕스를 죽인 죄로 아테네에서 추방당하였다. 크레타로 피신해온 다이달로스는 미노스 왕에게 의탁하고 있을 때였다.

다이달로스는 입구는 하나지만 그 안에 수많은 통로가 거미줄처럼 얽히게 만들어 한 번 들어가면 다시는 밖으로 빠져나올 수 없는 미궁 라비린토스를 만들었다. 미노스는 신탁에 따라 미노타우로스를 미궁 속에 가두고 그의 먹이를 위해 처녀와 총각을 제물로 바쳤다.

세 번째 공물을 바칠 때 아테네의 왕자 테세우스가 미노타우로스를 처단하기 위해 자원하여 크레타로 왔다. 이때 미노스의 딸 아리아드네 공주가 테세우스를 보고 사랑에 빠졌다. 그녀는 결혼을 조건으로 테세우스에게 미궁에 들어갔다가 빠져나오는

---

[*] 괴물 미노타우로스를 낳은 파시파에는 태양신 헬리오스의 딸이다. 미노타우로스는 '미노스의 황소'란 뜻이다.

비밀을 알려주었다.

테세우스에게 실타래 뭉치를 건네주면서 실을 입구에다 묶고 풀면서 들어갔다가 나중에 그 실을 따라 다시 나오라고 일러주었다. 이는 아리아드네가 미궁을 설계한 다이달로스에게 간청하여 얻은 해결책이었다.

테세우스는 아리아드네가 알려준 대로 실타래의 실을 풀며 미궁으로 들어가 미노타우로스를 맨주먹으로 때려죽인 다음 실을 따라 다시 미궁 밖으로 빠져나올 수 있었다.

≪테세우스와 미노타우로스≫, 작자미상, 1510-20년경

12

패닉

패닉이란 극심한 '공포', '공황' 또는 '공포에 사로잡히다', '겁에 질려 어쩔 줄 모르다'라는 뜻이다. 패닉상태란 다수의 군중이 위험에서 벗어나고자 일시적이고 우발적으로 도주하려고 하는 집단적 혼란 상태를 이르는 말이다.

"아파트 무너지는 줄" "식은땀 줄줄"… 지진에 패닉된 공주 주민들

충남 공주에서 3.4 규모의 지진이 발생해 거주지 등에서 진동을 느꼈다는 주민 신고가 소방본부에 빗발쳤다. 지난 25일 충남소방본부에 따르면 이날 오후 9시45분께 충남 공주시 남남서쪽 12㎞ 지역(이인면 달산리)에서 규모 3.4의 지진이 발생한 뒤 119에 신고가 240여건 접수됐다.

출처: 파이낸셜뉴스. 2023. 10. 26.

최근 들어 매스컴에서 공황장애라는 단어가 자주 언급되는데 공항장애를 영어로는 패닉 디스오더(panic disorder)라고 한다. 그 외에 패닉바잉(panic buying), 패닉셀(panic sell) 등의 단어도 종종 접할 수 있다.

당황, 공포를 의미하는 패닉(panic)은 그리스 로마 신화에 나오는 목신 판(Pan)에서 유래한 말이다. 목신 판에게는 사람들을 갑작스러운 공포에 사로잡히게 하는 능력이 있었기 때문이다.

신화 속으로

목신 판

판은 숲, 사냥, 목축을 맡아보는 목신으로 헤르메스와 나무의 님페 드리옵스 사이에서 태어났다. 판의 어머니 드리옵스는 자신이 낳은 아기를 보고 깜짝 놀라 내다 버렸다.

판은 신이지만 아주 기괴한 모습을 하고 있었다. 사람의 얼굴에 머리에는 염소의 뿔과 귀가 나 있고 턱에는 수염이 나 있었다. 그리고 사람의 팔이지만 털이 있고 다리에도 털과 발굽이 있는 염소의 모습이었다.

아버지 헤르메스는 반인반수의 모습을 한 아들을 올림포스로 데려가 다른 신들에게 자랑스럽게 보여 주었다. 신들은 신기해하며 뿔도 있고 발굽도 있고 이것저것 다 가졌다고 해서 아이에게 '판'*이라는 이름을 붙여 주었다.

판 신은 주로 숲속에 살고 있었는데 숨어 있다가 갑자기 툭 튀어나와 지나가는 사람을 깜짝 놀라게 해 공포에 사로잡히게 했다.

님페 시링크스

어느 날 판 신은 숲을 거닐다가 아름다운 나무의 님페 시링크스와 마주쳤다. 시링크스는 나무의 님페들 중에서도 가장 아름답기로 널리 알려져 있었다. 호색한으로 유명한 판이 시링크스를 보자 첫눈에 반해 그녀에게 다가갔다.

판의 기괴한 모습에 깜짝 놀란 시링크스는 곧장 달아나기 시작했다. 뒤쫓아 오는 판을 피해 도망쳤지만 강가에 다다랐을 때 거의 붙잡힐 지경에 이르렀다. 다급해진 시링크스는 물의 님페에게 도와달라고 소리쳤다.

판의 팔이 시링크스의 허리를 감싸는 순간 시링크스는 한 묶음의 갈대로 변했다. 시링크스의 언니들인 물의 님페가 그녀를 갈대로 변신시켜 준 것이었다.

시링크스가 갈대로 변해버리자 판은 허망한 마음으로 갈대숲

---

* 판(Pan)은 그리스어로 '모든 것'이란 뜻으로 '모든 것을 다 가진 아이'란 의미이다.

에 주저앉아 있었다. 그때 바람결이 갈대를 스치며 흘러나오는 애처롭고 감미로운 소리에 판은 매혹되었다. 판이 갈대 줄기를 나란히 붙여 묶어 자신의 숨결을 불어넣자 애절하고 아름다운 소리가 울려 퍼졌다. 목신 판은 갈대로 만든 악기를 사랑하던 님페의 이름을 붙여 시링크스*라고 불렀다.

《판과 시링크스》, 프랑수아 부셰, 1743년

---

* 시링크스(syrinx)는 고대 그리스에서 비롯된 관악기로 팬파이프(panpipe)라고도 한다.

13

멘토

경험과 지식이 풍부한 사람이 특정한 사람에게 지도와 조언을 하면서 실력과 잠재력을 개발시키는 활동을 '멘토링'이라고 한다. 멘토링(mentoring)에서 스승 역할을 하는 사람을 '멘토(mentor)', 지도 또는 조언을 받는 사람을 '멘티(mentee)'라고 한다.

한국장애인재활협회 '성장멘토링 멘티·멘토' 모집

우체국공익재단과 한국장애인재활협회는 '2024년 장애가정아동 성장멘토링'(이하 성장멘토링)에 참여할 멘티와 멘토를 모집한다고 4일 밝혔다.

성장멘토링은 저소득 장애가정의 7~14세 아동(멘티)과 대학생 (멘토)를 1대1 매칭해 건강 및 학습지원, 문화체험 및 캠프, 매칭 입금 등 다양한 활동을 통해 본인 또는 장애가정 아동의 성장기 반을 강화한다.

출처: 국민일보. 2024. 3. 4.

스승을 뜻하는 멘토는 그리스 로마 신화에 나오는 오디세우스의 친구 '멘토르(Mentor)'에서 유래하였다. 오디세우스가 트로이 전쟁에 출정하면서 집안일과 아들 텔레마코스의 교육을 그의 친구인 멘토르에게 맡겼다.

오디세우스가 전쟁에서 돌아오기까지 무려 20여 년 동안 멘토르는 텔레마코스의 친구, 선생, 상담자, 때로는 아버지가 되어 그를 돌보아 주었다. 그 후 멘토르의 이름은 '현명하고 성실한 조언자' 또는 '스승'의 뜻을 지니게 되었다.

신화 속으로

오디세우스

그리스의 도시국가 스파르타의 왕 틴다레오스에게 헬레네라
는 예쁜 딸이 있었다. 그리스 최고의 미녀로 알려진 헬레네가 결
혼할 나이가 되자 그리스 전역에서 구혼자들이 구름떼처럼 몰려
들기 시작했다.

이타카 출신의 오디세우스도 헬레네의 구혼자들 중 한 명이었
다. 하지만 오디세우스는 일찌감치 헬레네에 대한 구혼을 포기
한 후 그녀의 사촌인 페넬로페를 마음에 두고 있었다.

오디세우스는 그녀를 얻기 위해 헬레네의 아버지 틴다레오스
왕에게 접근했다. 그 당시 틴다레오스는 헬레네의 구혼자들 때문
에 골머리를 앓고 있었다. 수많은 구혼자들 중 한 명을 사위로 고

르면 선택받지 못한 자들이 폭동을 일으키지나 않을까 두려웠다.

오디세우스는 틴다레오스에게 문제를 해결해 주는 조건으로 이카리오스의 딸 페넬로페와 결혼할 수 있도록 도와달라고 요구했다. 이카리오스는 틴다레오스 왕의 동생이며 페넬로페는 조카딸이었다. 틴다레오스가 그의 제안에 응해 오디세우스는 해결 방법을 조언해 주었다.

그 묘책은 누가 남편으로 선택받든 그 권리를 인정하고 그들 부부를 지켜주겠다는 서약을 구혼자들에게 먼저 받아내는 것이었다. 오디세우스의 해결책이 먹혀들어 그는 페넬로페를 얻을 수 있었다. 결국 틴다레오스의 총애를 받고 있던 메넬라오스가 헬레네를 차지하게 되었다. 후사가 없던 틴다레오스는 사위 메넬라오스에게 스파르타의 왕위도 함께 물려주었다.

오디세우스의 참전

메넬라오스가 결혼한 지 얼마 지나지 않아 그의 아내 헬레네가 트로이의 왕자 파리스에게 납치당하는 사건이 발생했다. 아내를 빼앗긴 메넬라오스는 형 아가멤논에게 도움을 요청하기에 이르렀다. 미케네의 왕 아가멤논은 트로이에 전쟁을 선포하고 헬레네에게 구혼했던 수많은 영웅들과 왕들에게 구혼자의 서약에 따라 참전을 요구했다.

이타카의 왕 오디세우스가 조언해 준 구혼자의 서약은 자신이 전쟁에 내몰리는 빌미가 되었다. 메넬라오스와 인간 중에 가장 영리한 자로 손꼽히는 팔라메데스가 징집을 요구하기 위해 오디세우스를 찾아왔다.

사랑스러운 아내와 어린 아들을 키우며 행복한 삶을 살고 있던 오디세우스는 광기를 가장하여 자신의 의무를 회피하려 했다. 하지만 오디세우스의 술수를 간파한 팔라메데스에 의해 그의 거짓 광기가 들통나 징집에 응할 수밖에 없었다.

오디세우스는 트로이 원정길에 오르면서 오랜 친구이자 충직한 친구 멘토르*에게 집안일과 어린 아들 텔레마코스의 교육을 맡기고 떠났다.

트로이 전쟁에 참전한 오디세우스는 20년 만에 마침내 사랑하는 아내와 아들 텔레마코스가 기다리는 고향으로 돌아오게 되었다.

※ 호메로스의 서사시 '오디세이아'에서 주로 아테나 여신이 오디세우스의 친구인 멘토르의 모습을 하고 나타나 텔레마코스를 이끌며 현명한 길잡이 역할을 한다.

≪텔레마코스와 멘토르≫, 파블로 파비시, 1699년

14

파에톤 콤플렉스

콤플렉스(Complex)란 열등의식으로 자기가 다른 사람에 비해 못났다고 생각하는 감정이나 의식을 말한다. 좁은 의미로는 마음속에 응어리처럼 맺혀있는 감정을 이르기도 한다.

어떤 것에 대해 과잉반응을 보이는 것도 무의식 속에 잠재된 일종의 콤플렉스 때문으로 볼 수 있다.

파에톤 콤플렉스(Phaethon complex)란 심리학 용어로 어린 시절에 겪은 애정결핍으로 인하여 인정받지 못한 자식이 타인으로부터 인정받으려는 일종의 강박증을 이르는 말이다.

파에톤 콤플렉스는 그리스 로마 신화에 나오는 태양신 헬리오스의 아들 파에톤의 이야기에서 유래되었다.

[오세중의 외통수]외교부의 파에톤 콤플렉스

외교부는 파에톤 콤플렉스를 가지고 있다는 생각을 가끔 한다. 내로라하는 인재들이 모인 곳 중 하나지만 외교부가 하는 일은 좀처럼 인정받기 어렵기 때문이다. 외교부를 출입하면서 만나는 외교부 소속 공무원들의 하소연을 종종 듣는다. 원래 '외교라는 게 잘하면 본전, 맘에 안들면 비난이 쏟아지는 곳'이라고 그들은 말한다.

외교부는 종종 여론의 뭇매를 맞고, 온 국민의 욕을 받아야 하는 '힐링캠프'가 되기도 한다. 그들에게서 늘 '자신들이 하는 일의 중요성, 누구에게나 인정받을 만한 가치가 있다'는 강한 욕구가 읽힌다.

출처: 머니투데이

태양신의 아들 파에톤

파에톤은 어린 시절에 어머니 클리메네와 양아버지인 에티오피아의 왕 메롭스 슬하에서 자랐다. 어머니는 파에톤이 장성한 후에야 그에게 태양신 헬리오스가 친아버지라는 사실을 알려 주었다.

파에톤은 자신의 아버지가 태양신이라는 사실을 친구 에파포스에게 자랑했다가 거짓말쟁이라고 놀림을 받았다. 오히려 제우스와 이오 사이에 태어난 에파포스는 자신이 제우스의 아들임을 자랑하며 파에톤을 무시했다. 이에 파에톤은 직접 아버지 헬리오스를 찾아가 자신이 태양신의 아들임을 증명하고 싶었다.

파에톤은 험한 여정 끝에 마침내 해가 떠오르는 동방의 헬리오스 궁전에 도착했다. 헬리오스는 한눈에 파에톤이 자기 자식임을 알아보고 반겨 맞았다. 헬리오스는 자신이 아버지라는 증표를 보여주기 위해 소원 한 가지를 말하면 무엇이든지 들어주겠노라며 스틱스 강을 걸고 맹세했다.

헬리오스의 말에 파에톤은 아버지의 태양마차를 한번 몰아 보고 싶다고 말했다. 파에톤은 황금빛 태양마차를 타고 자신이 태양신의 아들임을 입증하고 싶었던 것이었다. 헬리오스는 아들의 소원을 듣고 나서 스틱스 강에 맹세한 것이 너무나 후회스러웠다.

거친 천마들이 이끄는 거대한 태양마차는 오직 헬리오스만이 몰 수 있었다. 동틀 무렵이면 네 마리의 날개 달린 말이 이끄는 황금빛 태양마차는 동쪽 지방을 출발하여 하늘 높이 달리다가 저녁 무렵 서쪽으로 내려와 밤새 다시 출발 지점인 동쪽으로 이동하였다. 이 태양마차를 파에톤이 몰기에는 위험천만한 일이었다.

아들의 소원은 인간에게 불가능한 무모한 짓이라 다른 소원을 들어주겠다며 파에톤을 달래보았다. 파에톤은 아버지의 충고에도 아랑곳하지 않고 자신의 고집을 꺾지 않았다. 헬리오스는 아들의 소원을 들어주면 그를 잃게 될 수도 있다는 것을 알지만 스틱스 강에 대고 한 맹세를 되돌릴 수는 없었다.

태양마차를 몬 파에톤

　태양마차가 출발 준비를 마치자 장밋빛 가득한 새벽 먼동이 트기 시작했다. 마침내 새벽을 걷으며 파에톤은 황금빛 찬란한 태양마차를 타고 하늘 높이 힘차게 날아올랐다. 마차가 빠르게 질주하자 파에톤은 태양신이 된 것처럼 황홀하고 짜릿한 기쁨을 느꼈다.

　하지만 자신의 힘만으로 거친 천마들을 마음대로 조종하기에는 역부족이었다. 파에톤이 통제력을 잃게 되자 그의 손에서 벗어난 말들은 제멋대로 날뛰며 궤도를 이탈해 달리기 시작했다. 태양마차는 걷잡을 수 없이 하늘 높이 치솟았다가 땅 아래로 곤두박질쳤다.

　태양마차의 고도가 낮아져 땅 가까이 달리자 순식간에 산천초목이 불길에 휩싸이고 강들은 오그라들었다. 대지의 여신 데메테르의 울부짖는 소리가 천상에까지 닿았다. 파에톤은 폭주하는 태양마차 위에서 어쩔 줄 모르고 있었다.

　데메테르는 자연을 파괴하는 파에톤을 처벌해 줄 것을 제우스에게 탄원했다. 손을 쓰지 않으면 천지만물이 비참한 지경에 이를 것으로 생각한 제우스는 벼락을 집어 들어 태양마차를 향해 던졌다. 벼락을 맞은 태양마차는 산산이 부서지고 불길에 휩싸인 파에톤은 허공을 가르며 땅으로 추락했다. 신비의 강 에리다노스가 추락한 파에톤을 받아들이고 그의 시신을 식혀주었다.

《파에톤의 추락》, 페테르 파울 루벤스, 1604-1605년

파에톤을 불쌍히 여긴 물의 님페 나이아데스는 그의 시신을
거두어 무덤을 만들어 주었다. 그리고 그의 묘비에 이렇게 새겼
다. "여기 태양신의 마차를 몬 파에톤이 잠들다. 커다란 실패를
겪었지만 매우 용감했노라"

동생 파에톤의 죽음 소식을 듣고 달려와 하염없이 눈물을 흘
리던 헬리아데스* 누이들은 에리다노스 강둑에서 포플러 나무로
변했다. 누이들이 흘린 눈물은 호박 방울로 변해 보석이 되었다.
파에톤의 친구 키크노스는 친구의 죽음을 슬퍼하다가 큰백조**

로 변했다. 그 후 친구가 불타 죽은 사실을 잊지 않고 불을 싫어하게 된 큰백조는 호숫가에서 살게 되었다.

이때 발생한 불의 재앙으로 아프리카에 사막이 생겨났으며 화염에 그슬린 에티오피아인들의 피부가 까맣게 변했다. 그뿐만 아니라 나일 강이 불길을 피해 도망쳐 머리를 숨기는 바람에 발원지***를 찾을 수 없게 되었다.

15

오이디푸스 콤플렉스

오이디푸스 콤플렉스(Oedipus complex)는 지그문트 프로이트가 제시한 정신분석학 개념이다.

'오이디푸스 콤플렉스'란 아들이 무의식적으로 동성의 아버지에게는 적대적이지만 이성의 어머니를 좋아하는 잠재의식으로, 정신분석이론에서 이성 부모에 대한 성적 애착이나 동성 부모에 대한 경쟁의식을 가리키는 말이다.

고주원, "결혼 무서워"… 오은영 "오이디푸스 콤플렉스"[금쪽상담소]

고주원이 지금껏 결혼하지 않은 이유를 파악하기 위해 그의 이성관에 대해 질문한다. 그의 대답을 날카롭게 파고든 오은영 박사는 고주원은 정신분석학적으로 '태어나 처음 만나는 성적 대상'인 부모의 영향을 받은 '오이디푸스 콤플렉스'의 전형적인 사례로 보인다고 밝혀 궁금증을 자아낸다.

출처: 스타뉴스. 2022. 9. 16.

오이디푸스 콤플렉스(Oedipus complex)란 용어는 그리스 로마 신화에 나오는 테바이의 왕 오이디푸스의 이름에서 유래 되었다.

오이디푸스는 자신의 부모인지 모르는 상태에서 아버지를 살해하고 미망인이 된 어머니와 결혼하게 된다. 모든 사실을 알게 된 어머니는 목을 매고 자살한다. 오이디푸스는 죽은 어머니의 옷에서 황금 옷핀을 떼어내어 자신의 두 눈을 찔러 스스로를 응징한다.

오이디푸스

테바이의 왕 라이오스는 오랜 세월 동안 부부 사이에서 자식이 생기지 않자 델포이의 신탁소를 찾아가 그 연유를 물었다. 뜻하지 않게 신탁은 그가 얻게 될 아들이 장차 아비를 죽이고 어미를 범하게 될 것이라 예언하였다.

얼마 뒤 아내 이오카스테가 아이를 갖게 되자 라이오스 왕은 신탁의 끔찍한 예언이 이루어질까 봐 두려웠다. 라이오스는 아들이 태어나자마자 발을 한데 묶은 뒤 신하를 시켜 인적이 없는 산에 내다 버리게 하였다.

폴리보스의 한 목동이 버려진 아이를 발견하고 그를 폴리보스 왕에게 데려다주었다. 코린토스의 폴리보스 왕과 메로페 부부는 아이의 발이 심하게 부어 있는 것을 보고 오이디푸스[*]라 이름 지어주고 그를 아들로 삼았다.

코린토스를 떠난 오이디푸스

오이디푸스는 폴리보스 왕의 궁전에서 둘 부부의 보살핌 속에서 성장하였다. 오이디푸스가 청년이 되었을 때 술에 취한 코린토스 사람과 시비 끝에 그로부터 자신이 왕의 친자식이 아니라 주워 온 자식이라는 말을 듣게 되었다.

오이디푸스는 부모에게 사실 여부를 물어 보았다. 하지만 폴리보스와 메로페는 오이디푸스의 의심을 풀어줄 만한 분명한 대답을 하지 않았다. 오이디푸스는 의심이 걷히지 않자 진실을 알기 위해 아폴론 신전을 찾아갔다.

신탁은 그가 원하는 대답 대신 충격적인 예언을 했다. 그가 장차 아버지를 죽이고 어머니와 결혼하게 될 운명이라는 것이었다. 여전히 폴리보스와 메로페를 친부모로 믿고 있던 오이디푸스는 끔찍한 신탁을 피하기 위해 집으로 돌아가지 않고 코린토스를 떠나기로 결심하였다.

---

[*] 오이디는 '부어오른', 푸스는 '발'이란 뜻으로, 오이디푸스는 '부어오른 발'이란 뜻이다.

오이디푸스는 델포이로 가는 도중에 세 갈래 길이 만나는 삼거리에서 라이오스 일행과 우연히 마주쳤다. 라이오스의 마부가 오이디푸스에게 마차가 지나갈 수 있도록 비켜서라며 난폭하게 몰아세웠다. 시비 끝에 화가 난 오이디푸스는 일행 한 명을 제외하고 모두 죽여 버렸다. 달아난 하인 한 명만이 유일하게 살아남은 자였다.

이로써 오이디푸스는 라이오스가 자신의 친아버지라는 사실도 알지 못 채 신탁의 예언대로 친부를 죽이는 죄를 범하게 되었다. 라이오스 왕 또한 오이디푸스가 자신의 아들이라는 사실을 모른 채 죽임을 당했다.

라이오스 왕의 갑작스러운 사망 소식에 테바이의 민심은 더욱 흉흉해졌다. 그 당시 테바이인들은 사람을 헤치는 괴물 스핑크스 때문에 공포에 휩싸여 있던 때였다. 라이오스 왕이 죽은 후 그를 대신해 왕비 이오카스테의 오라비인 크레온이 통치권을 맡게 되었다.

섭정을 하게 된 크레온은 민심을 안정시키기 위해 스핑크스를 퇴치하는 사람에게 테바이의 왕위와 아름다운 이오카스테 왕비를 아내로 주겠다고 공표하였다. 스핑크스는 여인의 얼굴과 가슴을 지녔지만 날개 달린 사자 형상을 한 끔찍한 괴물이었다. 스핑크스는 도시로 들어가는 길목을 지키고 있다가 행인에게 수수께끼를 내고 문제를 풀지 못하면 잡아먹고 있었다.

여행을 계속하던 오이디푸스는 테바이로 들어가는 길목에서 높은 바위에 앉아 있는 스핑크스와 마주치게 되었다. 스핑크스는 오이디푸스에게 수수께끼를 냈다.

"아침에는 네 발로 걷다가, 낮에는 두 발로 걷고, 저녁에는 세 발로 걷는 동물이 무엇이냐?"라고 물었다. 오이디푸스는 인간이라고 답하였다. 인간은 아기일 때는 네 발로 기고 자라서 두 발로 걷다가 늙어서는 지팡이에 의지하여 세 발로 걷기 때문이었다.

지금까지 아무도 풀지 못한 수수께끼를 오이디푸스가 알아맞히자 스핑크스는 분을 참지 못하고 앉아 있던 바위에서 몸을 던져 목숨을 끊었다.

테바이의 왕이 된 오이디푸스

테바이인들은 스핑크스를 물리치고 자신들을 구해준 오이디푸스를 왕으로 맞이했다. 그리고 오이디푸스는 미망인이었던 아름다운 이오카스테 왕비와 결혼하였다. 두 사람은 같이 살면서 아폴론의 신탁은 거짓에 불과한 것처럼 보였다.

오이디푸스의 두 아들과 두 딸이 태어나 장성할 무렵 테바이에 역병이 창궐했다. 오이디푸스는 처남 크레온을 보내 델포이의 신탁을 묻게 하였다. 신탁은 라이오스 왕을 살해한 자를 찾아

≪오이디푸스와 스핑크스≫, 장 오귀스트 도미니크 앵그르, 1780~1867

내어 처단해야 재앙에서 벗어날 수 있다고 했다.

오이디푸스는 도탄에 빠진 백성을 구하기 위해 이 사건을 직접 처리해 나갔다. 먼저 테바이인들에게 존경받고 있는 눈먼 예언자 테이레시아스를 불러오도록 했다. 오이디푸스는 그에게 라이오스 왕을 죽인 죄인을 찾아낼 방도를 물었다.

침묵을 지키던 테이레시아스는 오이디푸스의 강압에 못 이겨하지 말아야 할 말을 내뱉고 말았다. 테이레시아스는 오이디푸스에게 당신이 찾고 있는 살인범은 바로 당신 자신이라고 말했다. 오이디푸스가 혼란스러워하자 이오카스테 왕비는 지난 일들을 설명하며 테이레시아스의 말을 조목조목 반박하였다.

이오카스테 왕비의 말에 따르면, 라이오스 왕이 아들의 손에 죽게 된다는 신탁이 있었지만 아들은 산중에 버려져 낳은 지 사흘도 못 되어 죽었으며 라이오스 왕은 델포이로 가는 삼거리에서 누군가에게 맞아 죽었다는 것이었다.

예전에 같은 길목에서 사람을 해친 적이 있던 오이디푸스는 이오카스테 왕비의 말을 듣고 두려움에 휩싸였다. 게다가 라이오스 왕이 죽었을 때 도망쳐 온 시종에 대해서도 알게 되었다. 오이디푸스는 그 시종을 불러오게 하였다.

때마침 코린토스에서 전령이 찾아와 오이디푸스에게 아버지 폴리보스 왕의 죽음을 알렸다. 코린토스의 전령은 오이디푸스에게 부왕이 죽었으니 코린토스로 돌아와 왕위를 계승해 달라고 요청했다. 오이디푸스는 신탁이 두려워 코린토스로 돌아갈 수 없다며 완강하게 거절하였다. 그러자 코린토스의 전령은 오이디푸스에 관한 지난 일들을 소상히 알려주었다. 그 전령은 다름 아닌 오이디푸스를 산속에서 주워 폴리보스의 궁으로 데려갔던 목동이었다.

마침내 라이오스의 옛 시종과 코린토스의 전령을 통해 모든 진실이 낱낱이 밝혀졌다. 결국 신탁의 예언대로 오이디푸스는 아버지를 죽이고 어머니를 아내로 삼게 된 것이었다.

오이디푸스는 아내이자 어머니인 이오카스테가 보이지 않자 미친듯이 그녀를 찾아다녔다. 이오카스테는 자신의 방에서 머리를 풀어헤친 채 목을 매고 죽어 있었다. 모든 사실을 알게 된 이오카스테가 스스로 목숨을 끊은 것이었다.

오이디푸스는 그녀의 옷에서 황금 옷핀을 떼어내어 자신의 두 눈을 찔러 스스로를 응징하였다. 그토록 밝았던 세상을 수치스러운 눈으로 보느니 차라리 아무것도 보이지 않는 암흑세계가 그에게는 오히려 피난처가 되리라 여겼기 때문이었다.

아버지를 죽이고 어머니를 범한 죄가 만천하에 드러나자 오이디푸스는 타바이에서 추방을 당했다. 큰딸 안티고네와 방랑생활을 하던 그는 결국 아테네의 콜로노스에서 죽음을 맞이하게 되었다.

불멸의 언어

그리스 로마 신화 속으로

2장

브랜드로 읽는
그로신

16 세이렌과 스타벅스

17 메두사와 베르사체

18 니케와 나이키

19 바쿠스와 박카스

16

세이렌과 스타벅스

세계 최대 다국적 커피 전문점인 스타벅스(Starbucks)라는 이름은 미국 작가 허먼 멜빌의 소설 《모비딕》에 등장하는 일등 항해사 스타벅(Starbuck)의 이름을 따왔다. 세 명의 동업자가 이끄는 사업으로 복수를 뜻하는 s를 붙여 Starbucks로 정했다.

스타벅스는 1971년 미국 시애틀에서 첫 매장을 오픈했다. 우리나라의 스타벅스 1호점은 1999년 7월 27일에 처음 문을 연 이대점이다. 이는 여대학생들이 새로운 문화를 거부감 없이 받아들일 뿐만 아니라 새로운 소비문화를 주도한다는 분석 때문이었다.

스타벅스 로고에 '세이렌'의 얼굴 모습이 있다. 또한 매장에 직접 갈 필요 없이 미리 스마트폰으로 주문한 후 기다리지 않고 찾아올 수 있는 시스템을 '사이렌오더'라고 한다.

세이렌은 그리스 로마 신화에 나오는 매우 아름답지만 치명적인 마력을 지닌 님페이다. 세이렌(Seiren)은 신호나 경보를 알리기 위해 소리를 내는 '경보장치'라는 뜻을 가진 영어단어 사이렌(siren)의 어원이 되었다.

스타벅스 창업주인 하워드 슐츠는 그리스 로마 신화에 나오는 세이렌이 뱃사람을 홀린 것처럼 사람들을 홀려서 커피를 마시게 하겠다는 의미를 담아 심벌마크로 '세이렌'을 선택했다고 한다.

스타벅스 브랜드 로고

바다의 마녀 세이렌

세이렌은 반은 여자이고 반은 새인 바다의 마녀이다. 전승에 따르면 세이렌은 해신 포르키스의 딸 또는 강의 신 아켈로우스의 딸이라는 설이 있다. 세이렌은 처음에는 두 명으로 언급되다가 후대 전승에서는 세 명 또는 네 명으로 나타났다.

처음에 세이레네스*는 몸과 얼굴은 여인의 모습에 새의 다리와 날카로운 발톱을 가진 모습이었다. 그러나 중세 후기 이후 세이레네스는 상반신은 여인의 모습이고 하반신은 물고기 꼬리를 가진 인어와 같은 모습으로 그려졌다.

---

* 세이렌은 단수이며 주로 함께 다니므로 복수형인 세이레네스(Seirenes)라 부르기도 한다.

《어부와 세이렌》, 프레드릭 레이튼, 1856~1858년경

세이레네스는 절벽과 암초로 둘러싸인 외딴섬에 살고 있었다. 그녀들은 매혹적인 노래를 불러 근처를 지나가는 뱃사람들을 유혹하였다. 신비로운 노랫소리에 선원들은 홀린 듯 뱃머리를 섬 쪽으로 돌려 다가가면 배가 난파되어 목숨을 잃거나 스스로 물에 뛰어들어 죽음에 이르게 하는 치명적인 여인이었다.

누구든 세이레네스 자매의 노랫소리를 들으면 목숨을 부지할 수 없었다. 세이레네스의 섬을 무사히 통과한 배는 이아손이 이끄는 아르고호와 오디세우스 일행이 탄 배 밖에 없었다.

아르고호 원정대는 오르페우스가 리라를 연주하며 노래를 불러 세이레네스의 노래를 압도해 무사히 지날 수 있었다. 오디세우스도 트로이 전쟁이 끝나고 고향 이타카로 돌아가는 길에 세이레네스의 섬을 지나가게 되었다. 그는 부하들에게 밀랍으로 귀를 틀어막게 한 뒤 노를 젓게 하였다. 귀를 막아 아무것도 들을 수 없었던 부하들은 세이레네스의 유혹에서 벗어날 수 있었다.

세이레네스의 노랫소리를 듣고 싶었던 오디세우스는 부하를 시켜 자신을 돛대에 꽁꽁 묶게 한 다음 그곳을 지나갔다. 세이레네스는 오디세우스 일행이 노래에 유혹되지 않고 지나쳐 가자 치욕을 이기지 못하고 바다에 뛰어들어 목숨을 끊었다.

≪율리시스(오디세우스)와 세이레네스≫, 허버트 제임스 드레이퍼, 1909년

17

메두사와 베르사체

이탈리아의 명품 패션 브랜드 베르사체는 메두사의 머리를 로고로 사용하고 있다. 특히 메두사를 상징으로 한 강렬하고 화려한 디자인으로 유명하다.

초기 베르사체의 로고에는 설립자인 잔니 베르사체의 이름을 사용했다. 메두사 머리 심볼은 1993년부터 사용되기 시작했는데 조금씩 수정하여 2008년부터 현재의 로고를 사용하고 있다.

메두사는 원래 아테나 신전의 여사제였는데 아름답기로 소문난 그녀는 수많은 남자들의 가슴을 설레게 했다. 특히 그녀의 금빛 머리카락은 유난히 매력적이었다. 하지만 아테나의 저주로 머리카락은 모두 뱀으로 변하고 흉측한 괴물이 되었다.

베르사체의 설립자인 잔니 베르사체는 메두사에게 한 번 사랑에 빠진 사람은 절대 헤어나올 수 없고, 당당함과 강인한 여성상을 대변할 수 있는 캐릭터이기 때문에 베르사체의 여성들을 대표하는 아이콘으로 메두사를 선택했다고 한다.

즉, 베르사체의 메두사 로고에는 '베르사체의 작품을 보는 순간 매료되어 돌처럼 굳어버리게 만든다'는 의미가 담겨 있다.

베르사체 브랜드 로고

신화 속으로

고르고네스와 메두사

고르고네스는 헤스페리데스의 정원이 있는 머나먼 서쪽 지방
에 사는 괴물 자매들이다. 이들 자매는 바다의 신 포르키스와 케
토 사이에서 태어난 자식으로 스테노, 에우리알레, 메두사 등 세
명으로 알려져 있다. 그중 메두사는 고르고네스의 막내이다. 대
개 고르고 또는 고르곤이라고 하면 메두사를 이르는 말이다.

고르고네스는 할머니의 모습을 한 그라이아이, 상반신은 여
인의 모습이고 하반신은 뱀인 에키드나 등과도 자매 사이다. 고
르고네스 세 자매는 머리카락은 뱀이고, 멧돼지의 어금니를 지
녔으며, 몸은 용의 비늘로 덮여있고, 등에는 황금 날개가 돋아나
있었다. 고르고네스의 시선은 너무나 강렬하여 이들의 눈과 마

주치면 모두 그 자리에서 돌로 굳어버렸다.

　막내 메두사는 원래 아름답기로 소문난 아테나 신전의 여사제였다. 어느 날 포세이돈과 메두사는 아테나 신전에서 사랑을 나누다가 아테나에게 발각되었다. 아테나는 자신의 신전을 더럽힌 메두사에게 저주를 내려 머리카락을 뱀으로 만들어 버리고 흉측한 괴물로 변하게 했다. 그 후 메두사는 아무도 모르는 곳에서 언니들과 은둔생활을 하며 지냈다.

《메두사의 머리》, 페테르 파울 루벤스, 1617년

결국 메두사는 영웅 페르세우스에 의해 목이 잘려 죽임을 당하게 되었다. 이때 메두사의 목에서 날개 달린 말 페가수스와 황금 칼을 가진 거인 크리사오르가 솟구쳐 나왔다. 이들은 메두사가 아테나 신전에서 포세이돈과 사랑을 나누어 잉태하고 있던 자식들이었다.

메두사의 잘려 나간 머리는 아테나 여신의 방패 '아이기스'의 한복판을 장식하게 되었다.

18

니케와 나이키

미국의 유명한 스포츠용품 회사 나이키(Nike)의 브랜드 로고는 승리의 여신인 니케의 날개에서 영감을 받아 고안된 것이다. '니케(Nike)'의 영어식 발음이 '나이키(Nike)'이다.

니케(Nike)는 로마 신화의 빅토리아(Victoria)와 동일시된다. 승리를 뜻하는 영어단어 빅토리(victory)도 빅토리아(Victoria)에서 유래되었다.

나이키 브랜드 로고

신화 속으로

승리의 여신 니케

니케는 저승을 흐르는 강의 여신 스틱스와 티탄 신족인 팔라스 사이에서 태어난 딸이다.

폭력을 뜻하는 비아, 질투 또는 경쟁심을 뜻하는 젤로스, 힘을 뜻하는 크라토스 등과 형제 사이다. 제우스 형제들과 티탄 신족 사이에 벌어진 전쟁 티타노마키아에서 니케는 형제들과 함께 제우스를 도왔다. 이때 니케는 제우스의 전차를 몰았다.

그리스 로마 신화에서 니케는 주로 승리와 영광을 상징하는 존재로 등장한다. 전쟁의 여신 아테나와 모습이 비슷하지만 날개가 달려 있고 종려나무(대추야자) 잎을 손에 들고 있는 것이 특징이다.

루브르 박물관의 ≪니케 여신상≫, 기원전 190년경

19

바쿠스와 박카스

피로회복제로 널리 알려진 '박카스'는 포도주의 신 바쿠스에서 유래되었다. 디오니소스의 로마식 이름은 바쿠스(Bacchus), 영어식 이름은 바커스(Bacchus)이다.

그리스 로마 신화에 나오는 디오니소스는 포도주의 신이자 다산과 풍요의 신이며 광란과 황홀경의 신이다. 후대에 불과 화로의 신 헤스티아 대신 올림포스 12신의 반열에 오르게 된다.

디오니소스는 주로 담쟁이 잎이 끼워진 회양나무 줄기로 된 '티르소스'라는 지팡이를 들고 있는 모습으로 그려진다. 미술작품에서는 포도나무 잎사귀와 담쟁이덩굴로 된 관을 쓰고 상반신을 드러낸 채 한 손에 포도주잔을 들고 볼그레한 얼굴로 수염이 없는 젊은이로 묘사되고 있다.

동아제약의 창업주 강중희 명예회장이 간장을 보호하는 이미지의 이름을 생각하던 중 독일 유학 시절에 본 함부르크 시청 지하홀 입구에 서있던 술의 신 '바커스'를 떠올리게 되었다고 한다.

주당들을 지켜주고 풍년이 들도록 도와주는 그리스 로마 신화에 나오는 신의 이름을 붙여 1961년에 피로회복제 '박카스'가 탄생하게 되었다.

박카스 브랜드 로고

세멜레와 제우스

테바이의 건설자 카드모스와 하르모니아※ 여신 사이에 태어난 세멜레 공주는 눈부시게 아름다웠다. 바람둥이 제우스가 아리따운 세멜레를 가만둘 리 없었다.

인간으로 변신한 제우스는 그녀에게 다가가 인간의 모습을 한 제우스라 밝히고 서로 정을 통했다. 얼마 후 세멜레는 제우스의 자식인 디오니소스를 잉태하게 되었다.

이 사실을 알게 된 헤라는 질투심에 불타올라 무서운 계략을 꾸몄다. 헤라는 세멜레의 유모였던 늙은 베로에로 변장해 세멜레

※ 하르모니아는 미의 여신 아프로디테와 전쟁의 신 아레스 사이에 태어난 딸이다.

를 찾아갔다. 헤라는 세멜레에게 지금 만나고 있는 자가 제우스가 아닐지도 모른다며 제우스의 진짜 모습을 보여 줄 것을 요구하라고 부추겼다. 만약 청을 거절한다면 그자가 분명 제우스가 아닐 것이라며 의심과 호기심을 사게 만들었다.

번개를 사용하는 제우스 신을 불멸의 인간이 직접 눈으로 보는 순간 열기에 타 죽는다는 사실을 헤라 여신은 누구보다 잘 알고 있었다. 헤라는 세멜레가 사랑하는 이의 손에 죽게 만드는 잔인한 복수의 방법을 택한 것이었다.

제우스가 찾아오자 세멜레는 한 가지 소원을 들어 달라고 부탁했다. 제우스는 사랑스러운 세멜레의 소원이라면 무엇이든지 들어주겠노라며 스틱스 강에 맹세했다.

그녀는 자기를 진심으로 사랑한다면 제우스의 본 모습을 보여 달라고 요구했다. 세멜레에게 한 제우스의 약속은 돌이킬 수 없는 말이 되고 말았다. 스틱스 강에 대고 한 맹세는 신들의 제왕인 제우스 자신도 결코 어길 수 없는 강력한 구속력이 따르기 때문이었다.

마침내 제우스가 본연의 모습을 드러내자 세멜레는 그의 강렬한 후광을 이기지 못하고 불에 타 죽고 말았다. 뒤늦게 세멜레가 자신의 아이를 가진 사실을 알게 된 제우스는 세멜레의 몸에서 태아를 끄집어내어 자신의 넓적다리에 넣은 뒤 꿰맸다. 시간이 흘러 달을 채운 아이가 아버지의 넓적다리를 가르고 세상 밖으로 나왔다. 그가 바로 '두 번 태어난 자'라는 뜻의 이름을 가진 디오니소스였다.

디오니소스

　제우스는 갓 태어난 디오니소스를 헤라의 눈에서 벗어날 수 있도록 니사의 님페들에게 맡겼다. 디오니소스는 님페들과 이모 이노의 보살핌 속에 자라면서 반인반마의 실레노스에게 포도 생산법과 포도주 담그는 법을 배웠다.

　하지만 헤라는 디오니소스가 어엿한 청년으로 성장할 때까지 계속해서 그를 괴롭혔다. 이로 인해 디오니소스는 광기에 시달린 채 이리저리 배회하며 세상을 떠돌아다녀야 했다.

　디오니소스는 가는 곳마다 사람들에게 자신이 배운 포도 재배법을 전파하고 포도주 만드는 법을 가르쳐 주었다. 또한 디오니소스는 자신을 숭배하는 신비의 의식을 가르쳐 사람들이 그를 신으로 받아들이게 만들었다.

　디오니소스는 우연히 낙소스섬에 들렀다가 아리아드네를 만나게 되었는데, 그 당시 아리아드네는 아테네의 왕자 테세우스와 함께 크레타섬에서 도망쳐 왔다가 그로부터 버림받아 상심하고 있을 때였다. 아리아드네의 아름다운 모습에 반한 디오니소스는 그녀의 딱한 처지를 듣고서 아내로 맞이했다.

　디오니소스는 오랜 방황 끝에 모든 역경을 극복하고 마침내 신의 면모를 갖추게 되었다. 디오니소스는 아리아드네와 함께 표범이 이끄는 포도 넝쿨로 장식된 수레를 타고, 춤과 노래로 흥을 돋우는 무녀들을 앞세운 채 사티로스들의 호위를 받으며 올림포스로 입성하였다.

《바쿠스》, 카라바조, 1598년경

불멸의 언어

그리스 로마 신화 속으로

3장

어원으로 읽는 그로신

20 무사와 뮤즈

21 티폰과 태풍

22 밀키웨이와 은하수

23 에코와 메아리

20

무사와 뮤즈

무사는 그리스 로마 신화에 나오는 예술과 학문의 여신이다. 아름다운 여신 무사(Mousa)는 뮤즈(Muse)의 어원이 되었다.

오늘날 뮤즈(Muse)는 예술가에게 영감을 주는 사람이나 존재를 의미하는 뜻으로 쓰이고 있다. 음악(music), 박물관(museum)이란 영어단어도 모두 무사(Mousa)에서 유래 되었다.

김완선 "김혜수, 나의 뮤즈"… 김혜수 "동시대 데뷔해 각별" 훈훈

11월 24일 서울 여의도 KBS홀에서 열린 제44회 청룡영화상 시상식에 출연한 김완선은 특별 무대를 꾸며 눈길을 끌었다. 이날 무대를 끝낸 후 김완선은 "김혜수 씨는 저의 뮤즈"라면서 "오래 전부터 팬이며 존경한다. 너무 특별한 자리에 초대해주셔서 감사하다. 지금까지 그래왔듯 앞으로의 김혜수 씨의 삶도 계속 힘차게 응원하겠다."고 말했다.

· 출처 : 뉴스엔. 2023. 11. 24

루브르 박물관의 《뮤즈들의 석관》, 150년경
왼쪽부터 차례로 칼리오페, 탈리아, 테르프시코레, 에우테르페, 폴리힘니아, 클레이오, 에라토, 우라니아, 멜포메네

신화 속으로

므네모시네와 무사

거인족인 기간테스와의 전쟁에서 승리한 제우스는 축가를 지어 자신의 영광을 영원히 기리고자 했다.

이에 제우스는 기억의 여신 므네모시네와 아홉 날 아홉 밤을 동침하여 아홉 명의 무사 자매를 낳았다. 무사는 모든 것을 기억하고 간직하는 학문의 여신이며 영감을 주는 예술의 여신이기도 했다.

이들 무사 여신 아홉은 주로 함께 등장하기 때문에 복수형인 '무사이'로도 불리며 단수는 '무사'라고 한다. 아름다운 무사 여신들은 천상의 신들 뿐만 아니라 인간들에게도 예술적 재능과 영감을 베풀어 주었다.

고대 그리스 로마 시인들은 신화를 노래하기 전에 먼저 무사

여신을 불러내어 노래해 달라고 청하였다. 이때 무사 여신들과
인간들 사이에 매개의 역할을 하는 이가 바로 시인들이었다.

　그리스 로마 신화의 모든 이야기는 기억의 여신 므네모시네와
그녀의 아홉 자녀들이 시인의 입을 빌어 인간에게 전해 준 것들
이다. 문자가 존재하지 않았던 당시 기억의 여신 므네모시네*와
아홉 자녀들의 노래는 모든 정보를 기억하고 간직하는 데 가장
효과적이며 절대적인 역할을 했다.

《아폴론과 뮤즈들》, 자크 스텔라, 1640년-1645년

---

* 므네모시네 여신은 우라노스와 가이아의 딸로 티탄 12신 중 하나이다.

아홉 명의 무사는 각각 주관하는 영역이 정해져 있었다. 칼리오페는 서사시, 탈리아는 희극, 테르프시코레는 합창가무, 에우테르페는 서정시, 폴리힘니아는 찬가, 클레이오는 역사, 에라토는 연가, 우라니아는 천문, 멜포메네는 비극을 담당하였다.

무사 여신들은 올림포스에서 신들의 연회가 열리면 아폴론 신과 함께 악기를 연주하며 노래하고 춤을 춰 신들에게 즐거움을 선사했다.

21

티폰과 태풍

티폰(Typhon)은 대지의 여신 가이아와 태초의 신 타르타로스 사이에 태어난 자식이다. 상반신은 인간이며 하반신은 뱀의 형상을 한 반인반수의 괴물로 그의 어깨와 팔에는 눈에서 불을 뿜어내는 100개의 뱀의 머리가 솟아나 있었다.

티폰이 일어서면 머리가 하늘에 닿고 양팔을 벌리면 동쪽 끝과 서쪽 끝에 닿을 정도였다. 눈에서는 불이 번쩍였으며, 머리에는 불길이 타올랐다. 그가 가는 곳마다 끊임없이 거센 폭풍과 비바람이 생겨나 바다와 육지를 쑥대밭으로 만들었다.

티폰(Typhon)은 태풍을 뜻하는 영어단어 타이푼(typhoon)의 어원이 되었다. 2차 세계대전 이후부터 미 공군과 해군에서 공식적으로 태풍 이름을 붙이기 시작했다. 이때 예보관들은 본

인의 아내나 애인의 이름을 태풍의 이름으로 붙여 주었다고 한
다. 하지만 태풍이 피해를 주는 좋은 않은 이미지에 여성의 이름
만 붙이는 것에 여성 단체가 반발하여 남녀 이름을 번갈아 사용
하게 되었다.

그 이후 2000년부터는 태풍위원회 회원국이 제출한 이름으
로 변경하여 사용하고 있다. 태풍의 영향을 받는 14개국이 10개
씩 제출한 태풍 이름 140여개 중 한글 이름은 남한과 북한을 합
해 20개이다.

우리나라는 개미, 나리, 장미, 미리내, 노루, 제비, 너구리, 개
나리, 메기, 독수리 등의 태풍 이름을 제출했다. 북한은 기러기,
도라지, 갈매기, 수리개, 메아리, 종다리, 버들, 노을, 민들레, 날
개 등 10개의 이름을 제출했다.

태풍에 이처럼 연약한 이미지의 이름을 붙이는 이유는 가능한
피해가 적게 발생하길 바라는 의미가 담겨있다고 한다.

신화 속으로

티폰과 제우스의 전쟁

제우스가 티탄 신족을 가두고 기간테스마저 모두 제거하자 가이아는 지하의 신 타르타로스와 결합하여 그녀의 마지막 자식인 티폰을 낳았다.

티폰은 가이아가 낳은 자식들 중에서 막내지만 가장 몸집이 크고 가장 강력했다. 무시무시한 괴물 티폰은 어머니 가이아의 부추김을 받아 활활 타는 바윗돌을 내던지고, 강한 불길을 내뿜으며 올림포스를 공격해 왔다.

티폰이 올림포스에 나타나자 겁에 질린 신들은 그를 피해 동물로 변신하여 아이깁토스*로 뿔뿔이 달아났다. 헤라는 암소로, 아프로디테는 물고기로, 아르테미스는 고양이로, 아폴론은 까마귀로,

헤르메스는 따오기로, 디오니소스는 염소로 각각 변신해 숨었다.

제우스만이 티폰과 용감히 맞서 싸우자 아테나도 제우스를 도왔다. 하지만 티폰은 제우스를 제압하여 팔과 다리의 모든 힘줄을 끊어버리고 아무 힘도 쓸 수 없게 만들었다. 티폰은 무력해진 제우스를 코리코스 동굴에 감금한 후 암용 델피네에게 감시하게 했다. 제우스의 팔다리에서 잘라 낸 힘줄도 곰 가죽에 싸서 그곳에 함께 두고 지키게 했다.

아테나 여신은 도둑질에 능한 헤르메스와 함께 제우스의 팔다리 힘줄을 몰래 훔쳐 다시 제우스에게 붙여주었다. 기운을 회복한 제우스는 날개 달린 말들이 이끄는 수레를 타고 벼락을 던지며 티폰을 뒤쫓았다.

티폰은 산을 송두리째 뽑아 제우스에게 던졌다. 제우스는 번개 창으로 날아오는 산들을 티폰에게 되돌려 보냈다. 거대한 산들이 그에게 쏟아져 내려 피투성이가 된 티폰은 시칠리아의 바다로 달아났다.

이때 제우스는 시칠리아에 있는 에트나산을 뿌리째 뽑아 티폰에게 던졌다. 이로 인하여 티폰은 산 밑에 깔린 채 바다 아래에 갇히게 되었다.

※ 아이깁토스(Aegyptus)는 지금의 이집트(Egypt)를 이르는 말이다.

22

밀키웨이와 은하수

은하수(milky way)가 별로 이루어져 있다는 사실을 처음 알게 된 사람은 갈릴레오 갈릴레이였다. 갈릴레오는 1610년 최초로 망원경으로 관측하여 은하수가 수많은 별의 집단이라는 것을 알아냈다. 우리나라에서는 은빛 강처럼 보인다고 해서 '은하수'라 불렸다. 제주도에서는 용(미르)이 승천해서 사는 시내라는 뜻을 가진 '미리내'로 불렸다.

우리나라의 견우와 직녀 동화에서는 서로 사랑하는 두 연인을 갈라놓은 강으로 잘 알려져 있다. 견우와 직녀가 만날 수 없는 슬픈 사연을 알게 된 까막까치들이 하늘로 올라가 은하수 위에 오작교를 놓았다. 견우와 직녀는 오작교를 건너 1년에 한 번 칠월칠석에 서로 만날 수 있었다.

그리스 로마 신화에 따르면 제우스가 헤라클레스를 불사의 몸으로 만들기 위해 헤라의 젖을 먹이려 했다. 헤라가 깊이 잠들었을 때 어린 헤라클레스를 데려가 몰래 젖을 물렸는데 깜짝 놀란 헤라가 헤라클레스를 밀쳐냈다.

　이때 뿜어져 나온 젖이 하늘에 흩뿌려져 은하수가 되었다. 이렇게 생겨난 은하수를 '밀키웨이(milky way)'라 불렀다.

은하수가 밤하늘을 가로질러 아치형을 이루고 있는 모습

헤라클레스의 탄생

알크메네는 필멸의 남녀가 몸을 섞어 낳은 여인들 중 미모와 지혜 면에서 견줄 이가 없는 아름다운 여인이었다. 알크메네는 암피트리온과 결혼하기 전에 억울하게 죽은 오라비들의 원수를 갚기 전까지는 남편과 잠자리를 하지 않겠다고 맹세했다.

알크메네의 아버지 엘렉트리온이 미케네를 다스리고 있을 때였다. 프테렐라오스의 아들들이 타보스 인들을 이끌고 쳐들어와 알크메네의 오라비 여섯 명을 모두 죽였다.

알크메네의 남편 암피트리온은 아내의 한을 풀어주기 위해 원정대를 이끌고 타보스섬으로 쳐들어갔다. 타보스섬의 프테렐라오스 왕은 그의 아버지 포세이돈이 심어 준 황금빛 머리카락 덕분에 불사의 몸을 지니고 있었다. 그러나 암피트리온에게 마음을 빼앗긴 그의 딸 코마이토가 아버지의 황금빛 머리카락을 모두 뽑아 죽게 만들었다.

한편 알크메네의 미모에 반한 제우스는 그녀의 남편 암피트리온이 원정을 나간 사이에 그의 모습으로 변신하여 알크메네의 침실에 들었다. 제우스는 원정에 다녀온 것처럼 그녀에게 전리품을 선물하고 전쟁터에서 싸운 이야기도 들려주었다.

그런 다음 훌륭한 영웅을 잉태시키기 위해 하룻밤을 세 배로 늘려 기나긴 밤을 동침하였다. 알크메네는 아무것도 모른 채 다음 날 전쟁에서 돌아온 남편 암피트리온과 다시 잠자리를 가진 뒤 쌍둥이를 임신했다. 이들 쌍둥이 아들이 헤라클레스와 이피클레스였다.

제우스는 헤라클레스가 태어날 때가 되자 신들에게 널리 알렸다. 앞으로 페르세우스의 일가*에서 태어날 아이가 미케네의 통치자가 될 것이라고 했다. 같은 시기에 페르세우스의 아들인 미케네의 스테넬로스 왕의 아내도 에우리스테우스를 임신하고 있었다.

헤라는 자신의 딸이자 출산의 여신인 에일레이티이아에게 지시하여 알크메네의 해산을 늦추고 에우리스테우스를 일곱 달만에 세상에 먼저 나오게 만들었다. 제우스가 공언한 미케네의 통

---

* 페르세우스가 알카이오스, 엘렉트리온, 스테넬로스 등 6명의 자식을 낳고, 알카이오스의 아들 암피트리온과 엘렉트리온의 딸 알크메네가 결혼하여 헤라클레스와 이피클레스를 낳았다.

치권이 에우리스테우스에게 돌아가도록 하기 위해서였다. 에우리스테우스가 태어난 후에도 알크메네는 여전히 해산할 기미를 보이지 않고 진통만 계속되었다. 출산의 여신 에일레이티이아가 알크메네의 방 앞에서 그녀의 해산을 막고 있었기 때문이었다.

알크메네의 몸종이었던 갈린티아스가 꾀를 냈다. 그녀는 갑자기 방을 뛰쳐나오면서 아기가 태어났다고 소리쳤다. 깜짝 놀란 출산의 여신 에일레이티이아는 자신도 모르게 마법의 자세를 풀고 말았다. 이 틈을 타 알크메네는 헤라클레스를 무사히 낳을 수 있었다.

은하수

제우스는 아들 헤라클레스를 신들과 같은 불사의 몸으로 만들기 위해 헤라의 젖을 먹이려고 했다. 제우스는 헤라가 깊이 잠든 사이에 어린 헤라클레스를 헤라의 가슴으로 데려가 몰래 젖을 물렸다.

아기의 젖 빠는 힘이 얼마나 세었던지 헤라가 그만 잠에서 깨고 말았다. 깜짝 놀란 헤라가 아기를 밀쳐내자 가슴에서 하얀 젖 줄기가 솟구쳐 하늘에 뿜어졌다. 이렇게 해서 은하수가 생겨나게 되었다.

23

에코와 메아리

에코(Echo)는 그리스 로마 신화에 나오는 헬리콘 산의 님페이다. 헤라는 수다쟁이 에코가 자꾸 말을 거는 바람에 남편 제우스의 바람피우는 현장을 놓치게 되었다. 화가 난 헤라는 에코에게 벌을 내려 에코는 남들이 하는 말의 끝말만 되풀이해 따라하게 되었다.

에코는 나르키소스에 대한 안타까운 사랑이야기로 유명하다. 에코는 헤라의 벌을 받은 후 나르키소스를 짝사랑하게 되었는데 사랑을 이루지 못한 슬픔으로 몸은 사라지고 메아리가 되었다.

에코(Echo)는 메아리, 울림이란 뜻을 가지고 있는 영어단어 에코(echo)의 어원이 되었다.

신화 속으로

수다쟁이 에코

에코는 대지의 여신 가이아의 딸로 헬리콘산의 숲속에 사는 아름다운 님페였다. 그녀는 아르테미스 여신의 총애를 받으며 여신이 사냥을 나갈 때 함께 따라다녔다. 그런데 에코는 한번 말을 시작하면 멈출 줄 모르는 소문난 수다쟁이였다.

어느 날 헤라는 남편 제우스가 헬리콘산으로 가는 것을 보고 숲의 님페들과 노닥거리지나 않을까 몰래 지켜보고 있었다. 이때 에코가 다가와서 재잘거리는 바람에 정신이 없어 그만 남편의 행방을 놓치고 말았다.

에코의 수다 때문에 남편을 놓친 헤라는 화가 치밀어 올라 그녀에게 가혹한 벌을 내렸다. 헤라는 에코에게 남들이 하는 말의

끝말만 반복해서 따라하게 하고 그 어떤 말도 먼저 할 수 없게
만들었다.

메아리가 된 에코

어느 날 에코는 사슴 사냥을 나왔다가 일행과 떨어져 숲을 헤
매고 있는 나르키소스를 보고 첫눈에 반했다. 나르키소스는 모
든 처녀들이 흠모하는 눈부시게 아름다운 청년이었다.

에코는 그에게 다가가 달콤한 사랑을 속삭이고 싶었지만 먼저
말을 건넬 수가 없었다. 그녀는 애타는 가슴으로 나르키소스의
주변을 배회하기만 했다.

나르키소스가 함께 온 일행들을 소리쳐 부르자 에코는 그가
한 말의 끝부분을 반복해서 따라 했다. 에코가 그에게 다가갔지
만 그녀의 이상한 행동에 화가 난 나르키소스는 눈길을 외면한
채 떠나버렸다.

에코는 너무나 수치스러운 마음에 깊은 산속에 숨어들었다.
에코는 실연의 아픔으로 나날이 여위어만 가다가 마침내 육신은
사라지고 목소리만 산속에 남아있게 되었다.

불멸의 언어

그리스 로마 신화 속으로

4장

별자리로 읽는 그로신

24 오리온자리와 전갈자리

25 큰곰자리와 작은곰자리

26 카시오페이아와 안드로메다자리

27 뱀주인자리

24

오리온자리와 전갈자리

오리온자리는 겨울철의 대표적인 별자리이다. 밤하늘에서 가장 밝은 별자리로 맑은 날에 맨눈으로도 관측이 가능하다. 오리온자리는 그리스 로마 신화에 나오는 사냥꾼 오리온의 이름을 따서 붙여졌다.

오리온은 뛰어난 거인 미남 사냥꾼이었다. 아르테미스 여신이 오리온을 사랑하게 되었는데 아폴론은 이를 탐탁지 않게 여겼다. 아폴론은 어느 날 바다를 걷고 있는 오리온을 발견하고 오리온의 머리를 과녁 삼아 여동생과 활쏘기 내기를 했다.

아르테미스는 오리온인 줄 모르고 오리온의 머리를 정확히 명중 시켰다. 나중에 자신이 오리온을 쏘아 죽인 것을 알게 된 아르테미스는 비탄에 빠졌다. 제우스는 딸이 슬픔에 잠기자 위로하기 위해 오리온을 별자리로 만들어 주었다.

거인 사냥꾼 오리온

오리온은 영원히 순결을 맹세한 아르테미스 여신이 사랑했던 유일한 남성이었다. 오리온과 아르테미스가 서로 사랑하게 되자 아르테미스의 오빠인 아폴론은 이를 못마땅하게 여겼다. 아르테미스는 오직 오리온뿐이었지만, 오리온에게 아르테미스는 여러 여인들 중 하나에 불과했다.

어느 날 아폴론은 바다를 걷고 있는 오리온을 목격했다. 아폴론은 아르테미스의 사냥 실력을 얕보는 말투로 화나게 만들어 바다 위에 떠 있는 둥근 물체를 맞추어 보라고 부추겼다. 자존심이 상한 아르테미스는 주저하지 않고 화살을 쏘아 그 물체에 명중시켰다. 그 둥근 물체는 수면 위로 올라온 오리온의 머리였다.

제우스는 오리온의 죽음으로 깊은 슬픔에 빠진 딸 아르테미스를 위로해 주기 위해 오리온을 하늘의 별자리로 만들어 주었다.

또 다른 설에 따르면 오리온이 아르테미스 여신의 자존심을 건드려 분노를 사게 되면서, 여신이 보낸 전갈의 독침으로 죽게 되었다고 한다. 그 후 아르테미스 여신은 이 전갈을 하늘의 별자리로 만들어 주었다.

전갈자리는 여름철 남쪽 하늘의 별자리이다. 밤하늘에 전갈자리가 떠오르면 오리온자리가 져버리는데 이는 전갈과 오리온이 별자리가 되어서도 서로 쫓고 쫓기기 때문이다.

25

큰곰자리와 작은곰자리

큰곰자리는 천구의 북극 근처에 있는 가장 밝게 빛나는 별자리로 북두칠성이 속해 있는 것으로 잘 알려져 있다. 4계절 내내 찾아볼 수 있으며 특히 봄철에 더 잘 보인다.

그리스 로마 신화에 따르면 헤라의 저주로 곰으로 변한 칼리스토(큰곰자리)와 그녀의 아들 아르카스(작은곰자리)의 별자리이다.

숲의 님페 칼리스토가 제우스의 아들 아르카스를 낳았다. 이 사실을 알게 된 헤라 여신은 칼리스토를 곰으로 변신시켜 버렸다. 건장한 청년으로 자라난 아르카스는 어느 날 사냥을 나갔다가 곰과 마주쳤다. 아르카스는 자신의 어머니인 줄도 모른 채 다가오는 곰을 향해 활시위를 당겼다. 이를 지켜보던 제우스는 어머니 칼리스토와 아들 아르카스를 하늘의 별자리로 만들어 주었다.

곰으로 변한 칼리스토

님페 칼리스토는 아르테미스 여신과 함께하는 다른 님페들처럼 영원히 순결을 맹세하고 처녀로 지내는 몸이었다. 사냥의 여신이자 순결의 수호신 아르테미스와 함께하는 님페들은 순결의 맹세를 어기면 가혹한 처벌이 뒤따랐다.

어느 날 칼리스토는 아르테미스 여신 일행과 함께 사냥을 즐기고 있었다. 칼리스토의 아름다움에 반한 제우스는 그녀를 차지하고 싶은 욕망에 사로잡혔다. 제우스는 칼리스토를 유혹하기 위해 그녀가 섬기는 아르테미스 여신으로 변신하여 접근하였다.

아르테미스 여신으로만 여기고 경계심을 풀고 있던 칼리스토는 제우스에게 순결을 빼앗기고 임신까지 하게 되었다. 그 후 칼리스토는 아르테미스 여신의 처벌이 두려워 임신한 사실을 숨기고 있었다. 그러던 어느 여름날 아르테미스 일행은 사냥을 마치고 함께 목욕을 하게 되었다. 불러온 배를 감출 수 없었던 칼리스토는 임신 사실을 아르테미스에게 그만 들키고 말았다.

≪칼리스토와 아르테미스≫, 티치아노, 1566년경

아르테미스에게 추방당한 칼리스토는 홀로 숲에서 아들 아르카스를 낳아 기르다 헤라 여신의 눈에 띄게 되었다. 모든 사실을 알게 된 헤라는 질투심에 사로잡혀 칼리스토를 곰으로 변신시켜 버렸다. 제우스는 동굴 속에 남겨진 아르카스를 헤르메스의 어머니인 마이아에게 맡겨 기르게 했다.

세월이 흘러 건장한 청년으로 성장한 아르카스는 어느 날 사냥을 나갔다가 곰으로 변한 어머니 칼리스토와 마주쳤다. 칼리스토는 자신의 모습을 잊은 채 너무나 그리웠던 아들에게 반갑게 다가갔다. 위협을 느낀 아르카스는 다가오는 곰을 향해 화살을 겨누었다.

하늘에서 이를 지켜보던 제우스는 아들이 자신의 어머니를 죽이는 비극을 막기 위해 두 모자를 하늘로 올려보내 별자리로 만들어 주었다. 어머니 칼리스토는 큰곰자리, 아들 아르카스는 작은곰자리가 되어 하늘에서 영원히 빛나게 되었다.

헤라는 칼리스토와 아르카스를 별자리로 만들어 준 제우스가 못마땅했다. 헤라는 어린 시절 자신을 길러준 바다의 신 오케아노스와 테티스 부부를 찾아가 두 별자리가 바다에 들어가 쉬지 못하게 해 달라고 부탁했다. 이로 인하여 큰곰자리와 작은곰자리*는 바다에 들어가 쉬지 못하고 북극성 주변 하늘만 영원히 맴돌게 되었다.

---

* 고대 그리스 사람들은 다른 별자리들은 일정 기간에 바다에 내려와 쉬는데 큰곰자리와 작은 곰자리가 바다에 들어가지 못하는 이유가 헤라의 질투 때문이라 여겼다.

26

카시오페이아와 안드로메다자리

　카시오페이아자리는 북극성을 중심으로 북두칠성의 맞은편에 있는 'W'자 모양의 별자리이다. 특히 가을과 겨울에 잘 보이는 별자리로 알려져 있다. 안드로메다자리는 가을 초저녁 동쪽 하늘에 보이는 별자리이다.

　카시오페이아와 안드로메다자리는 그리스 로마 신화에 나오는 카시오페이아와 그녀의 딸 안드로메다에서 유래되었다.

　허영심 많은 카시오페이아는 자신의 딸들이 바다의 님페 나레이데스 보다 더 아름답다고 자랑하고 다니다 포세이돈의 분노를 샀다.

　포세이돈은 카시오페이아를 벌하였지만 그녀가 죽은 뒤 밤하늘의 별자리가 되게 하였다. 카시오페이아자리는 의자에 묶인 채 거꾸로 매달려 있는데 이는 그녀의 허영심을 벌하기 위한 것이었다.

신화 속으로

페르세우스와 안드로메다

메두사의 목을 베어 세리포스섬으로 돌아가던 페르세우스는 에티오피아를 지나가게 되었다. 그때 바닷가 절벽에 묶여있는 안드로메다 공주를 보게 되었는데 안드로메다가 이처럼 위험에 처하게 된 것에는 안타까운 사연이 있었다.

에티오피아의 케페우스 왕의 아내인 카시오페이아는 자신과 딸의 미모에 대단한 자부심을 가지고 있었다. 그녀는 자신의 딸 안드로메다가 네레이데스[*] 모두를 합친 것보다 더 아름답다고 자랑하고 다녔다.

---

[*] 네레이데스는 해신 네레우스와 오케아노스의 딸 도리스 사이에 태어난 딸들로 50여 명에 이른다. 님페 네레이데스는 모두가 아름답기로 유명한데 암피트리테도 이들 중 하나이다.

카시오페이아의 오만함에 분노한 네레이데스는 포세이돈에게 케페우스 왕을 벌해 달라고 간청했다. 암피트리테의 남편 포세이돈은 해일을 일으키고 괴물을 보내 에티오피아를 쑥대밭으로 만들었다. 많은 사람들이 바다 괴물에 잡아먹히자 케페우스 왕은 신전으로 사람을 보내 무슨 연유인지 알아보게 하였다.

재앙을 막기 위해서는 딸 안드로메다 공주를 괴물의 제물로 바쳐야 한다는 신탁이 내려졌다. 신탁을 따를 수밖에 없었던 카페우스는 비통한 마음으로 해변의 절벽에 딸 안드로메다를 묶어 놓았다. 안드로메다는 어머니 카시오페이아의 죗값을 치를 운명에 놓인 채 바다 괴물의 먹이가 되는 순간만을 기다리고 있었다.

때마침 현장을 목격한 페르세우스가 첫눈에 안드로메다의 아름다움에 반하게 되었다. 페르세우스는 안드로메다의 부모에게 딸을 구해주는 조건으로 결혼을 허락받고 괴물을 퇴치했다. 마침내 안드로메다와 페르세우스는 결혼식을 올리게 되었는데 그때 안드로메다의 약혼자였던 작은 아버지 피네우스가 부하들을 이끌고 나타났다.

케페우스 왕은 안드로메다가 위험에 처했을 때 모른 척하던 비겁한 동생 피네우스에게 신랑이 될 자격이 없다며 꾸짖었다. 피네우스는 물러서지 않고 호위무사들과 함께 페르세우스를 죽이려 했다. 페르세우스가 피네우스와 그 일당들에게 메두사의 머리를 내밀자 그들은 모두 돌로 변했다. 비로소 페르세우스와 안드로메다는 부부가 될 수 있었다.

≪안드로메다와 페르세우스≫, 피에르 미냐르, 1679년

별이 된 카시오페이아와 안드로메다

페르세우스는 안드로메다와 결혼 후 에티오피아에 1년 정도 머물렀다. 페르세우스는 맏아들인 페르세스가 태어나자 그를 장인의 후계자로 남기고 어머니가 기다리고 있는 세리포스섬으로 떠났다. 후에 페르세스는 페르시아 왕가의 조상이 되었다.

페르세우스는 안드로메다와의 사이에서 페르세스 외에도 아들 알카이오스와 엘렉트리온을 비롯한 여러 명의 아들과 딸을 낳았다. 알카이오스의 아들 암피트리온과 엘렉트리온의 딸 알크메네가 결혼하여 쌍둥이 아들인 이피클레스와 헤라클레스를 낳았다.

포세이돈은 카시오페이아가 죽은 후 남편인 케페우스와 함께 하늘에 별자리로 만들어 주었다. 그러나 카시오페이아의 별자리는 오만함과 허영심에 대한 벌로 의자에 앉은 채 묶여 거꾸로 매달려 있게 하고 계속해서 천구의 북극을 돌게 하였다.

아테나 여신은 페르세우스와 안드로메다가 죽은 후 그들을 안드로메다의 부모인 카시오페이아와 케페우스자리 옆에 별자리로 만들어 주었다. 가장 아름다운 여인의 별자리로 알려진 안드로메다자리는 남편 페르세우스와 부모님 곁에서 영원히 빛나는 영광을 얻게 되었다.

27

뱀주인자리

　뱀주인자리는 우리나라의 여름철 남쪽 하늘에서 관측되는 별자리로 땅꾼자리라고도 한다. 뱀주인자리는 의술의 신 아스클레피오스의 별자리이다.

　그리스 로마 신화에 따르면 의술의 신 아스클레피오스가 죽은 사람까지 살려 내자 제우스는 세상의 질서가 어지러워지는 것을 염려하여 벼락으로 그를 죽였다. 하지만 그의 훌륭한 의술을 기리고자 하늘의 별자리로 만들어 주었다.

　의학의 아버지로 칭송받는 히포크라테스도 아스클레피오스의 후손으로 알려져 있다. 의사의 윤리 등에 대한 선서문으로 희생 · 봉사 · 장인 정신이 담겨 있는 히포크라테스 선서의 원문에서도 아스클레피오스와 그의 자녀들의 이름을 찾아볼 수 있다.

고전적인 '히포크라테스 선서'의 원문은 다음과 같이 시작된다.

히포크라테스 선서

나는 의술의 신 아폴론과 아스클레피오스와 히기에이아와 파나케이아를 비롯한 모든 남신들과 여신들을 증언자들로 삼으며 이 신들께 맹세코 나는 나의 능력과 판단에 따라 다음 선서와 서약을 이행할 것이다.

...(이하생략)

현대에 이르러 의과대학을 졸업할 때 졸업생들이 하는 히포크라테스 선서는 1948년 세계 의학협회 총회에서 '제네바 선언'으로 제정된 이후 2017년까지 몇 차례에 걸쳐 다음과 같이 개정되었다.

제네바 선언

이제 의업에 종사할 허락을 받음에,

나의 생애를 인류 봉사에 바칠 것을 엄숙히 서약하노라.

나의 은사에 대하여 존경과 감사를 드리겠노라.

나의 양심과 품위를 가지고 의술을 베풀겠노라.

나의 환자의 건강과 생명을 첫째로 생각하겠노라.

나는 환자가 알려준 모든 것에 대하여 비밀을 지키겠노라.

...(중략)...

이상의 서약을 나의 자유의사로 나의 명예를 걸고 위의 서약을 하노라.

아스클레피오스

테살리아의 라리사에 코로니스라는 아름다운 공주가 살고 있었다. 아폴론은 코로니스 공주를 보는 순간 사랑에 빠지게 되었다. 코로니스 공주 또한 아폴론을 사랑했다. 하지만 그녀는 인간이기 때문에 나이를 먹고 늙게 되면 언젠가 아폴론에게 버림받게 될 것이라 생각하니 두려웠다.

그러던 중 코로니스 공주는 아르카디아의 왕자 이스키스를 만나면서 그와 사랑에 빠졌다. 어느 날 두 사람의 애정행각을 염탐한 아폴론의 전령인 큰 까마귀가 자기 주인에게 코로니스의 부정을 고발하였다. 분노한 아폴론은 곧장 현장으로 달려가 그들에게 은빛 화살을 쏘았다.

코로니스 공주는 죽어가면서 자신의 몸속에 당신의 아이가 자라고 있다고 아폴론에게 고백했다. 아폴론은 자신의 경솔한 행동을 후회했지만 손을 쓰기에는 너무 늦어버렸다. 다행히 아폴론은 코로니스의 몸에서 자신의 아이는 구해낼 수 있었다.

아폴론은 코로니스의 부정을 고자질한 입 싼 큰 까마귀에게 저주를 내려 깃털을 까맣게 만들어 버렸다. 큰 까마귀는 원래 백조만큼이나 희고 눈부신 아름다운 깃털을 가진 새였는데 이때부터 검게 변하게 되었다.

아폴론은 코로니스와 사이에서 난 아들 아스클레피오스를 켄타우로스족의 현자인 케이론에게 맡겨 길렀다. 케이론은 자신이 아폴론 신으로부터 배운 의술을 아스클레피오스에게 가르쳐주며 그를 최고의 의사로 키워냈다.

또한 아테나 여신은 아스클레피오스에게 메두사의 혈관에서 나온 피를 받아 주었다. 메두사의 왼쪽 혈관에서 흐르는 피는 치명적인 독성이 있지만 오른쪽 혈관으로 흐르는 피는 사람을 살리는 신비한 효력이 있었다.

아스클레피오스는 고통을 덜어주는 간호의 여신 에피오네와 결혼하여 세 아들과 히기에이아, 파나케이아를 비롯한 여섯 명의 딸을 낳았다. 여섯 딸들은 모두 치료와 의약에 관계하였으며 건강과 치료의 여신으로 여겨졌다.

뛰어난 의술과 신비로운 약을 가진 아스클레피오스는 죽은 사람을 되살릴 정도로 놀라운 의술을 펼쳐나갔다. 어느 날 아스클레피오스가 이미 죽은 히폴리토스*를 되살려내자 자신의 신민이 줄어드는 것을 불안하게 여긴 저승의 신 하데스가 제우스에게 탄원하였다. 제우스는 세상의 질서가 어지럽혀지는 것을 염려하여 아스클레피오스에게 벼락을 내려 죽게 했다.

아들이 벼락을 맞아 죽었다는 소식을 들은 아폴론은 제우스에게 벼락을 만들어 준 키클로페스를 모두 죽여 분풀이했다. 분개한 제우스는 아폴론에게 1년간 인간 밑에서 종살이를 시켰는데 테살리아의 왕 아드메토스의 종이 되어 그의 양 떼를 먹이는 일을 했다.

그 후 제우스는 아폴론을 달래고 아스클레피오스의 훌륭한 의술을 기리고자 그를 뱀주인자리로 만들어 하늘에서 영원히 빛나는 별자리가 되게 하였다.

아스클레피오스의 지팡이

어느 날 아스클레피오스는 실수로 뱀을 죽이게 되었다. 그때 다른 뱀 한 마리가 약초를 물고 와 죽은 뱀의 입에 올려놓자 죽

---

* 히폴리토스는 아테네의 왕 테세우스의 아들로, 어느 날 전차를 타고 해변을 달리는데 갑자기 소 한 마리가 나타나 말들을 놀라게 하는 바람에 전차에서 떨어져 죽게 되었다. 아스클레피오스가 메두사의 피로 만든 약을 사용하여 히폴리토스를 다시 살려주었다.

은 뱀이 기적처럼 다시 살아났다. 뱀 덕분에 신비한 약초를 알게 된 아스클레피오스는 감사의 마음으로 뱀이 휘감고 있는 지팡이를 자신의 상징으로 삼았다.

고대 그리스 사람들은 뱀을 지혜와 불로장생의 상징이라고 믿었던 것으로 알려졌다. 아스클레피오스가 지니고 있던 뱀 한 마리가 감긴 지팡이는 오늘날에도 의학의 상징으로 쓰이고 있다. 세계보건기구, 세계의사회를 비롯한 세계 각국의 의료와 건강에 관계된 수많은 곳에서 아스클레피오스 지팡이의 이미지를 볼 수 있다.

세계보건기구 WHO(World Health Organization) 엠블럼

불멸
의
언어

그리스 로마 신화 속으로

5장

지명으로 읽는 그로신

28 에우로페의 발자취 유럽

29 헬렌과 그리스

30 아테나의 도시 아테네

31 아폴론의 도시 델포이

28

에우로페의 발자취 유럽

에우로페에서 유럽이란 지명이 유래되었다. 그리스어 '에우로페(Europe)'을 영어식으로 발음하면 '유럽(Europe)'이 된다.

에우로페 공주는 페니키아를 다스리던 아게노르 왕의 딸이었다. 그녀는 제우스에게 납치되어 유럽 문명의 발흥지라고 할 수 있는 크레타로 건너가 장차 크레타의 왕이 될 자식들을 낳았다.

'에우로페'라는 지명은 그리스 로마 신화에서 에우로페의 행적과 관련된 펠로폰네소스 반도에만 국한되던 것이 차츰 범위가 넓어져 지중해 북부와 흑해 북부 지역을 모두 아우르는 지명으로서 지중해 동부의 아시아와 구분하여 사용하였다. 그 뒤 지중해 남부 지역에는 아프리카라는 이름이 붙여졌다. 고대 그리스인들은 이 세계가 유럽, 아시아, 아프리카의 세 개의 대륙으로 이루어져 있다고 생각했다.

납치된 에우로페

온갖 꽃들이 흐드러지게 피어난 어느 봄날이었다. 페니키아의 에우로페 공주는 시돈 해변에서 친구들과 꽃을 꺾으며 놀고 있었다.

에우로페에게 한눈에 반한 제우스는 근사하게 생긴 황소로 변신하여 그녀에게 접근했다. 잘생긴 황소 한 마리가 풀을 뜯으며 다가오자 에우로페는 황소의 등을 쓰다듬으며 관심을 보였다. 온순해 보이는 황소는 마치 자신의 등에 타라는 듯 그녀 발밑에 엎드렸다. 에우로페는 경계를 풀고 황소의 등에 올라탔다.

황소는 자리에서 일어나 해변으로 성큼성큼 다가가더니 갑자기 바다로 뛰어들어 헤엄쳐 가기 시작했다. 겁에 질린 에우로페는 황소의 뿔을 잡고 비명을 질러댔다. 그녀의 하인들은 바다 건너편으로 점점 멀어져 가는 황소와 에우로페를 지켜볼 수밖에 없었다.

에우로페가 황소에게 납치되어 종적을 감추자 페니키아의 아게노르 왕은 세 아들을 불러 모아 딸의 행방을 찾도록 지시했다. 누이를 찾지 못하면 아예 집으로 돌아올 생각조차 하지 말라고 엄명을 내렸다.

세 아들 카드모스, 포이닉스, 킬릭스는 누이를 찾아 길을 떠났다. 아게노르 왕의 아내 텔레파사도 딸을 찾기 위해 아들을 따라나섰다. 카드모스는 어머니와 함께 에우로페를 찾아 전국 방방곡곡을 헤매고 다녔지만 누이동생을 찾을 길이 없었다.

한편 제우스는 페니키아의 에우로페 공주를 크레타섬으로 납치해 온 후에 세 명의 아들 미노스, 사르페돈, 라다만티스를 낳았다. 제우스가 떠난 후 에우로페는 크레타의 왕 아스테리오스와 결혼했다. 아스테리오스는 에우로페의 아들 셋을 양자로 삼고 그의 슬하에서 자라게 했다. 에우로페와 아스테리오스 사이에 딸 크레테가 태어났으나 아들은 얻지 못했다. 아스테리오스 왕이 죽은 후에 에우로페의 아들 삼형제 사이에서 크레타의 왕위 계승 문제를 놓고 다툼이 벌어졌다.

미노스, 사르페돈, 라다만티스 삼형제는 왕위 계승 문제를 백성들의 선택에 따르기로 합의했다. 미노스는 백성들에게 자신이 신들로부터 왕권을 부여받았다고 주장했다. 그 증거로 자기가 기원하는 것은 무엇이든 이루어진다고 장담했다. 미노스는 이를 입증하기 위해 아버지의 형제인 포세이돈에게 바다에서 황소 한 마리를 보내달라고 간청했다.

미노스가 원하는 대로 포세이돈이 멋진 황소를 보내주었다. 바다에서 신비로운 황소가 나타나자 백성들은 미노스를 왕으로 선택하였고 형제들은 승복할 수밖에 없었다. 이렇게 하여 미노스는 형제들을 물리치고 크레타의 왕이 되었다.

결국 크레타의 미노스 왕이 발전시킨 미노아 문명이 유럽 문명의 출발점이 되었다.

29

헬렌과 그리스

그리스 문화를 뜻하는 헬레니즘(Hellenism)과 고대 그리스인들이 자기 나라를 이르던 헬라스(Hellas), 헬라스(Hellas)를 한자로 음차한 희랍 등 모두 헬렌(Hellen)의 이름에서 유래하였다.

그리스 로마 신화에 따르면 황금 종족, 은의 종족을 거쳐 청동 종족에 이르면서 인간들은 더욱 사악 해져갔다. 이에 제우스는 대홍수를 일으켜 인류를 멸망시키려 했다. 이때 프로메테우스의 아들 데우칼리온과 그의 아내 피라만이 살아남아 새 인류의 조상이 되었다.

그 후 데우칼리온과 피라 사이에서 헬렌을 비롯한 여러 명의 자식이 태어났다. 맏아들 헬렌은 산의 님페 오르세이스와 결혼하여 아들 삼형제를 낳았다. 이들 삼형제는 모두 그리스 부족의 시조가 되었다.

인간 종족과 대홍수

청동 종족이 땅에 살고 있을 때 제우스는 인간들이 온갖 몹쓸 짓을 하며 세상을 어지럽힌다는 소문을 들었다. 제우스는 인간들이 어떠한지 직접 확인하기 위해 헤르메스와 함께 사람의 모습을 하고 지상으로 내려왔다.

제우스는 아르카디아의 왕 리카온의 궁전에 머물게 되었다. 리카온 왕은 광포하기로 악명이 높았다. 그는 제우스의 권능을 시험해 보려는 불경스러운 태도로 사람을 죽여 그 인육을 밥상에 올려놓았다. 모든 것을 알아차린 제우스는 벼락을 내려 그의 자식들과 집안을 모조리 불태우고 리카온을 늑대로 만들어 버렸다.

갈수록 타락하고 사악해지는 인간들을 더 이상 두고 볼 수 없었던 제우스는 모든 인간들을 쓸어버리기 위해 대홍수를 일으키기로 결심했다.

데우칼리온과 피라

예지력이 뛰어난 프로메테우스는 제우스의 의중을 간파하고 데우칼리온과 피라 부부에게 배를 만들어 홍수에 대비하게 했다. 데우칼리온은 프로메테우스 자신의 아들이며 피라는 에피메테우스와 판도라 사이에 태어난 딸이었다. 이들 부부는 선량하고 정의로우며 신들을 성실하게 섬기는 자들이었다.

제우스는 큰 홍수와 해일을 일으켜 세상을 온통 물에 잠기게 하였다. 데우칼리온과 피라가 탄 배는 홍수가 시작된 후 9일 밤낮을 표류한 끝에 파르나소스산 정상에 도착했다. 홍수로 뒤덮인 세상에 신을 독실하게 섬기는 한 부부만 살아남은 것을 알게 된 제우스가 홍수를 거두자 땅은 다시 제 모습을 찾아가기 시작했다.

대홍수에서 살아남은 데우칼리온과 피라는 테미스 여신의 신전을 찾아가 지상을 다시 인류로 채울 방도를 물었다. 그러자 '베일로 얼굴을 가리고 어머니의 뼈를 어깨너머로 던지라'라는 알 수 없는 신탁이 내려졌다. 두 사람은 신탁의 의미가 무엇인지 몰라 당황하였으나 곧 어머니는 대지의 여신 가이아를, 그 뼈는 돌을 뜻한다는 걸 알아차렸다.

데우칼리온과 피라는 한쪽으로 물러나 여신이 시킨 대로 베일로 얼굴을 가리고 돌을 어깨너머로 던졌다. 그러자 기적 같은 일이 일어났다. 데우칼리온이 던진 돌은 남자로 변하고 피라가 던진 돌은 여자로 변하였다. 이로써 데우칼리온과 피라는 새 인류의 조상이 되었다.

그리스인의 시조

데우칼리온과 피라는 로크리스 지방에 정착하여 아들 헬렌과 암픽티온, 딸 프로토게네이아를 비롯하여 여러 명의 자식을 낳았다. 테살리아 지방 프티아의 왕이 된 맏아들 헬렌은 산의 님페 오르세이스와 결혼하여 아들 도로스, 크수토스, 아이올로스 삼형제를 낳았는데 이들은 각기 고대 그리스의 주요 부족의 시조가 되었다.

도로스는 도리스인의 시조가 되었고, 아이올로스는 아이올리스인의 시조가 되었다. 크수토스의 두 아들 이온과 아카이오스는 각각 이오니아인과 아카이아인의 시조가 되었다. 이 부족들은 모두자신들을 헬렌의 후손이라는 뜻으로 '헬레네스'라고 불렀고, 헬레네스는 그리스 민족을 통칭하는 말이 되었다.

30

아테나의 도시 아테네

그리스는 서양 고대 문명의 발상지로 널리 알려져 있다. 국토의 약 70%가 산악 국가인 그리스는 아주 오래전부터 작은 도시들이 모여서 나라를 이루었다. 이 작은 도시들을 폴리스라고 불렀다.

아테네에 펼쳐진 길들은 도시의 중앙인 아크로폴리스 언덕을 향해 모이게 되어 있다. 그리고 그 중심에는 아테나 여신의 파르테논 신전이 위치해있다.

아테네는 기원전 8세기 무렵 그리스 중부 아티카에 성립한 고대 그리스의 대표적인 도시 국가였다. 지금은 그리스의 수도이자 최대 도시다. 고대 그리스 유적이 남아 있는 오래된 역사를 자랑하는 관광 문화 도시로 아크로폴리스 언덕이 유명하다.

아테네 도시 명은 이 도시의 수호신이자 지혜의 여신이며 전쟁의 여신인 아테나에서 따왔다. 아테나는 바다의 신 포세이돈과 경쟁을 벌여 이 도시를 차지하였다. 그녀는 시민들에게 자신이 만든 올리브 나무를 선물하고 이 도시의 수호신으로 선택 받았다.

아테나 신전 전경

지혜의 여신 아테나

제우스가 메티스에게 구애하여 그녀는 제우스의 첫 번째 아내가 되었다. 메티스는 오케아노스와 테티스의 딸로 티탄 신족에 속하는 지혜와 기술의 여신이었다. 하지만 제우스는 대지의 여신 가이아로부터 불길한 예언을 들었다. 메티스가 낳은 자식이 아버지를 몰아내고 권좌에 오르게 되리라는 것이었다.

가이아의 예언이 두려웠던 제우스는 메티스가 임신하자 그녀를 통째로 삼켜 버렸다. 제우스는 신과 인간들 중에서 가장 지혜로운 메티스를 삼킨 덕분에 더욱 지혜로워질 수 있었다.

메티스가 임신하고 있던 아기가 제우스의 몸속에서 자라면서 제우스는 참을 수 없는 두통에 시달렸다. 프로메테우스가 제우

스의 머리를 도끼로 찍어 가르자 그 속에서 완전무장을 한 여전
사가 튀어나왔다. 그녀가 바로 지혜의 여신 아테나였다.

아테네의 수호신 아테나

아티카의 왕 케크롭스[*]가 다스리는 케크로피아라는 도시의 수
호신 자리를 놓고 아테나와 포세이돈이 서로 경쟁했다. 두 신이
서로 다투자 시민들은 자신들에게 더 이로운 선물을 주는 신을
수호신으로 삼기로 했다.

먼저 포세이돈이 삼지창으로 아크로폴리스의 바위를 치자 바
위가 갈라지면서 물이 솟구쳐 올랐다. 하지만 바닷물은 시민들
에게 별 쓸모가 없어 보였다. 이번에는 아테나가 작은 씨앗 하나
를 땅에 던지자 씨앗이 뿌리를 내리고 초록빛 열매들이 알알이
맺히는 올리브 나무로 자라났다.

시민들은 올리브 열매가 샘솟는 바닷물보다 더 쓸모 있다고
여겨 아테나를 자신들의 수호신으로 삼기를 원했다. 이에 케크
롭스 왕은 아테나를 도시의 수호신으로 공표하고 케크로피아의

---

[*] 케크롭스는 부모 없이 아티카의 대지에서 태어났으며 인간의 몸과 뱀의 꼬리를 지닌 아테네
의 전설적인 왕이다. 그는 아테나 여신을 도시의 수호신으로 선택했을 뿐만 아니라 인간을
제물로 바치는 인신공양 풍습을 없애고 결혼제도를 정착하였다.

도시 명을 아테나의 이름을 따서 아테네로 바꾸었다.

아테나 폴리아스는 아테나 도시의 수호신이란 뜻으로 아테나에 덧붙여진 이름이었다. 또한 아테나는 아테네뿐만 아니라 여러 도시 국가의 수호신으로 간주 되었다.

《미네르바(아테나)의 탄생》, 르네 앙투안 우아스, 17세기

31

아폴론의 도시 델포이

델포이는 그리스 중부의 포키스 지방 파르나소스 산의 중턱에 위치해 있으며 아폴론 신전이 있던 곳이다. 아폴론은 델포이 신탁을 통해 대표적인 예언의 신으로 알려졌다.

고대 그리스인들은 델포이가 세상의 중심이라고 생각했다. 신화에 따르면 제우스는 세상의 중심을 찾기 위해 동쪽과 서쪽 끝에서 두 마리의 독수리를 동시에 날려 보냈고, 두 마리 독수리는 같은 속도로 날아올라 그리스의 델포이 상공에서 서로 교차하였다.

이 지점에 옴파로스라 불리는 돌이 놓이게 되었는데 옴파로스는 배꼽이란 뜻으로 '세상의 중심'을 의미한다. 옴파로스 주변에 세워진 아폴론 신전 현관 기둥에 '너 자신을 알라'는 문구가 적혀 있었다. 이 문구는 그리스 철학자 소크라테스에 의해 더욱 유명해졌다.

신화 속으로

아르테미스와 아폴론

티탄 신족 레토는 제우스와 사랑을 나눠 쌍둥이를 임신하게 되었다. 레토가 제우스의 아이를 갖게 된 것을 알게 된 헤라는 질투심에 사로잡혔다. 헤라는 모든 나라에 명령하여 레토를 받아들이지 말고 출산 할 장소도 제공하지 못하게 하였다.

레토가 해산할 장소를 찾지 못한 채 만삭의 몸으로 헤매고 있을 때 델로스섬이 그녀를 받아주었다. 하지만 헤라는 자기 딸인 출산의 여신 에일레이티이아*를 곁에 두고 놓아 주지 않았다. 출산의 여신의 도움을 받지 못한 레토는 9일 동안 진통만 계속

---

* 에일레이티이아는 제우스와 헤라 사이에 태어난 딸로 임신한 여성의 분만을 돕는 출산의 여신이다. 헤베, 아레스, 헤파이스토스와 형제지간이다.

될 뿐 아이를 낳을 수가 없었다.

이에 제우스는 신들의 전령인 무지개의 여신 이리스를 보내 에일레이티이아를 매수하게 했다. 보석이 박힌 목걸이를 받은 에일레이티이아는 어머니의 명령을 어기고 레토의 출산을 도와주었다. 레토는 먼저 딸 아르테미스를 낳았고, 갓 태어난 아르테미스의 도움을 받으며 쌍둥이 동생 아폴론을 낳았다.

태어난 지 사흘 만에 델포이에 도착한 아폴론은 파르나소스산 기슭에 자리 잡고 살면서 가이아의 신탁을 전하고 있던 괴물 피톤을 활로 쏘아 죽였다. 가이아의 자식인 피톤은 거대한 왕뱀으로 헤라의 명령을 받고 자신의 어머니 레토를 해치려고 했던 것에 대한 복수였다.

아폴론은 피톤을 죽인 뒤 그 자리에 자신의 성소를 세우고 지명을 델포이로 바꾸었다. 그 후 델포이는 아폴론의 신탁이 행해지는 곳일 뿐만 아니라 세상의 중심으로 여겨졌다.

델포이의 신탁소

델포이의 신탁소는 그리스 각지에서 행해지던 신탁 중에서 가장 유명했다. 이로 인해 외국에서도 수많은 순례자들이 몰려들었다. 이곳은 고대 그리스인들이 어떤 중요한 결정을 내려야 할 때 반드시 참배하고 신탁을 물어야 하는 곳이 되었다.

델포이 신탁소의 무녀는 신의 숨결이 나오는 대지의 갈라진 틈 위에 놓인 삼각대에 앉아있었다. 이곳에서 신의 숨결을 받은 무녀는 신들린 상태가 되어 소리를 지르거나 알 수 없는 말들을 내뱉었다.

신관은 그 소리를 듣고 문장으로 만들어 신탁을 구한 사람에게 전해 주었다. 이렇게 내려진 신탁은 고대인에게는 결정적인 신의 소리였다. 이곳에서 신탁을 전하는 무녀들은 피티아라는 이름으로 불렸다. 피티아는 델포이의 원래 이름인 피토에서 유래되었다.

델포이 신전 전경

불멸의 언어

의

언어

그리스 로마 신화 속으로

6장

원전으로 읽는
그로신

32 로미오와 줄리엣
33 임금님 귀는 당나귀 귀

32

로미오와 줄리엣

'로미오와 줄리엣'은 영국의 문호 셰익스피어가 1597년에 쓴 희곡이다. '로미오와 줄리엣'은 서로 원수 사이인 이탈리아의 명문 몬터규가의 아들 로미오와 캐퓰렛가의 딸 줄리엣의 비극적인 사랑을 다룬 작품이다.

그리스 로마 신화에 나오는 '피라모스와 티스베'의 사랑 이야기가 셰익스피어의 작품 '로미오와 줄리엣'의 모티브가 되었다고 보는 견해가 대부분이다.

피라모스와 티스베는 서로 사랑하는 사이였다. 부모의 반대로 사랑을 이룰 수 없자 그들은 함께 도망치기로 약속한다. 하지만 피라모스는 약속 장소에 도착한 티스베가 사자에게 잡아먹힌 것으로 오해하고 자결한다. 피라미스를 발견한 티스베도 그를 따라 자결한다.

피라모스와 티스베

피라모스와 티스베는 세미라미스 여왕이 다스리는 바빌로니아에서 담장 하나를 사이에 두고 옆집에 살고 있었다. 선남선녀로 알려진 그들은 서로 가까이 살면서 자연스레 사랑이 싹트게 되었다.

피라모스와 티스베는 결혼을 원했지만 양가 부모들의 반대에 부딪혔다. 하지만 사랑이란 억압하면 할수록 더욱 강해지는 법이라 두 사람을 그 누구도 갈라놓을 수 없었다.

그들은 둘 사이에 놓여있는 벽이 원망스러웠지만 한편으로는 서로에게 다가갈 수 있는 수단이 되었다. 피라모스와 티스베는 가로막고 있는 담벼락의 작은 틈을 통해 달콤한 사랑의 밀어를 속삭였다. 헤어질 때가 되면 담벼락에 대고 서로에게 닿지 못할

아쉬운 입맞춤을 나누곤 했다.

그러던 어느 날 피라모스와 티스베는 이대로는 더 이상 견딜 수 없게 되자 함께 도망가기로 결심했다. 그들은 다음 날 밤에 니누스 무덤*이 있는 곳에서 만나기로 약속했다. 그곳에는 샘이 하나 있고, 샘 옆에는 열매가 주렁주렁 달린 뽕나무 한 그루가 서 있었다.

밤이 되자 티스베는 베일로 얼굴을 가리고 몰래 집을 빠져나와 약속 장소로 향했다. 티스베는 먼저 도착하여 사랑하는 피라모스를 기다리고 있었다. 그녀는 무서웠지만 사랑은 그녀를 대담하게 만들었다.

그때 마침 사냥을 마친 암사자 한 마리가 목을 축이기 위해 그녀가 있는 샘으로 다가오고 있었다. 티스베는 사자를 피해 동굴로 도망치다가 그만 베일을 떨어뜨리고 말았다. 막 사냥감을 먹은 후라 주둥이가 온통 피로 물든 암사자는 티스베가 흘려놓은 베일을 발견하고 갈가리 찢어놓고 숲으로 사라졌다.

잠시 후 약속 장소에 도착한 피라모스는 사자의 발자국과 티스베의 피 묻은 베일을 발견하게 되었다. 그녀가 사자에게 목숨을 잃었다고 생각한 피라모스는 자신도 사랑하는 티스베를 따라가기로 결심했다. 피라모스는 티스베의 피 묻은 베일에 입맞춤한

---

* 니누스 무덤은 바빌론 근처에 있는 잘 알려진 사원 무덤이다. 니누스는 앗시리아의 초대 왕이자 세미라미스 여왕의 남편이었다.

후 자신의 칼을 뽑아 옆구리를 깊게 찔렀다. 피라모스의 몸에서 분출한 피가 치솟아 뽕나무를 검붉은 색으로 물들였다.

한편 사자를 피해 동굴에 숨어있던 티스베는 불안한 마음으로 약속 장소로 돌아오면서 자신이 늦은 이유를 설명하려 했다. 그때 그녀는 나무 아래서 칼에 찔린 채 죽어가는 피라모스를 발견했다. 피라모스는 무거운 눈꺼풀을 들어 자신을 부르며 절규하는 티스베를 잠시 바라본 후 이내 눈을 감았다.

티스베는 피라모스 옆구리에 찔린 칼과 옆에 놓인 자신의 피 묻은 베일을 발견하고 모든 상황을 알 수 있었다. 그녀는 피라모스를 껴안고 울부짖으며 싸늘한 그의 얼굴에 입맞춤했다.

티스베는 죽음도 자신들을 갈라놓지 못할 것이라 여기며 죽어서 둘이 하나가 되길 소원하였다. 그리고 뽕나무를 향해 자신들의 죽음을 잊지 말고 기억 해 주기를 빌었다. 이윽고 티스베는 피라모스의 칼을 집어 들어 자신의 가슴을 찔렀다.

부모들은 이들의 죽음을 불쌍히 여겨 화장한 두 사람의 뼈를 한 골호에 넣어 묻어 주었다. 그 후 순백색이었던 뽕나무의 오디 열매는 검붉은 색으로 변해 두 사람의 진실한 사랑을 영원히 기념하게 되었다.

33

임금님 귀는 당나귀 귀

    신라 48대 왕인 경문왕의 귀에 얽힌 설화로 '당나귀 귀를 가진 임금'에 관한 이야기가 삼국유사에 기록되어 있다. 경문왕은 임금의 자리에 오른 뒤에 갑자기 귀가 나귀처럼 커졌다. 이 사실을 오직 왕의 복두(관모)를 만드는 사람만이 알고 있었다.

    복두쟁이는 평생 이 사실을 감히 발설하지 못하고 지냈다. 그는 죽을 때가 되자 도림사라는 절의 대밭으로 들어가 대나무를 향해 나귀의 귀처럼 커진 경문왕의 비밀을 외쳤다. 그 뒤부터 바람이 불면 대밭에서 '임금님 귀는 당나귀 귀'라는 소리가 났다고 한다.

    '임금님 귀는 당나귀 귀'에 관한 설화의 원전은 미다스의 당나귀 귀에 관한 이야기라고 할 수 있다. 이 이야기는 우리나라뿐만 아니라 범세계적으로 널리 구전되고 있다.

아폴론에 도전한 판

시링크스를 만든 목신 판의 음악 솜씨가 나날이 좋아지면서 신과 사람들은 그의 애절한 연주를 사랑했다. 급기야 판은 자신의 연주 솜씨를 과신하고 감히 음악의 신 아폴론에게 도전장을 던졌다. 여러 관객이 모인 트몰로스산에서 목신 판과 아폴론의 연주 대결이 펼쳐졌다.

심판은 트몰로스라는 산신이 맡아보았다. 판의 애절한 쉬링크스 연주는 모두를 눈물짓게 했지만 아폴론의 리라 연주에 견줄 수 없었다. 두 연주자의 경연이 끝나자 산신 트몰로스는 아폴론의 연주가 더 훌륭하다며 그의 승리를 선언했다.

다른 구경꾼들도 모두 산신의 판결에 동의하였다. 하지만 한 사람 만이 판정이 공정하지 못하다며 이의를 제기했다. 그는 황금에 진저리가 나서 궁전을 나와 떠돌던 미다스 왕이었다.

미다스의 귀

미다스는 궁전을 떠나 산과 숲을 돌아다니다 목신 판의 연주를 듣고 그때부터 판의 추종자가 되었다. 하지만 미다스는 판의 음악을 도가 넘칠 정도로 숭배하였다.

아폴론은 감히 인간 따위가 신의 판정에 이의를 제기하며 자신을 헐뜯는 것을 괘씸하게 여겼다. 아폴론은 역정을 내며 음악을 제대로 듣지 못하는 미다스의 귀를 잡아당겼다. 미다스의 귀는 순식간에 죽 늘어나 커다란 당나귀 귀가 되었다.

그 후 자신의 귀를 수치스럽게 여긴 미다스는 자줏빛 모자를 눌러 쓴 채 아무에게도 귀를 보여주지 않았다. 하지만 자신의 머리를 잘라주는 이발사에게만은 이 비밀을 감출 수가 없었다.

이발사는 왕의 비밀에 대해 말하고 싶었지만 왕이 두려워 감히 그럴 수 없었다. 미칠 지경에 이른 이발사는 외딴곳으로 가서 구덩이를 파고, 그곳에 대고 왕의 귀는 당나귀 귀라고 크게 외친 뒤에 흙으로 덮어버렸다.

이후에 그 자리에 갈대가 자라나 바람이 불 때면 땅에 묻은 이발사의 말이 세상 밖으로 전해졌다. 이렇게 해서 미다스 왕의 치욕스러운 비밀이 폭로되게 이르렀다.

≪아폴론과 판의 경연≫, 헨드릭 드 클레르크, 1620년경

불멸의 언어

의

언어

그리스 로마 신화 속으로

7장

꽃으로 읽는
그로신

34 아네모네 꽃이 된 아도니스

35 수선화로 피어난 나르키소스

36 히아신스가 된 히아킨토스

37 헬리오트로피움과 클리티아

34

아네모네 꽃이 된 아도니스

우리 주변에 있는 아름다운 꽃들의 기원을 그리스 로마 신화 속에서도 찾아볼 수 있다.

아네모네(Anemone)의 꽃 이름은 바람을 뜻하는 그리스어 아네모스(Anemos)에서 유래했다. 아네모네는 유럽에서 미의 덧없음을 상징하는 꽃으로 알려져 있다. 이 꽃은 쉽게 바람에 꽃잎이 날리는 연약한 꽃으로도 묘사된다. 그래서 아네모네를 바람꽃(windflower)이라고도 한다.

그리스 로마 신화에서 사랑과 미의 여신 아프로디테와 그녀의 연인이었던 미소년 아도니스 사이에 얽힌 슬픈 사랑이야기에 아네모네가 등장한다.

아도니스

아도니스가 태어났을 때 눈이 부실 정도로 아름다웠다. 아프로디테는 그에게 완전히 매료되었다. 그녀는 아무도 모르게 아도니스를 하계의 신 페르세포네에게 맡겨 키웠다.

아도니스가 아름다운 청년으로 성장했을 때 아프로디테는 그를 되찾기 위해 하계로 내려갔다. 그러나 아도니스에게 마음을 빼앗긴 페르세포네가 그를 내어주지 않으려 했다. 아도니스를 서로 차지하기 위해 아프로디테와 페르세포네 사이에 다툼이 일어났다.

결국 제우스가 중재에 나서게 되었다. 제우스는 아도니스에게 1년에 절반은 아프로디테와 함께 지상세계에서 머물고, 나머지 절반은 하계의 여왕 페르세포네와 함께 지하세계에서 지내도록 판결을 내려주었다.

아프로디테는 아도니스와 함께 지내는 시간이 돌아오면 오로지 그를 즐겁게 해주기 위해 무진 애를 썼다. 그녀는 너무나 사랑하는 아도니스와 잠시도 떨어지기 싫어 그가 사냥을 나갈 때마다 항상 따라다녔다. 아프로디테는 늘 아도니스에게 위험한 동물을 경계하라고 주의를 주었다.

그러던 어느 날 아프로디테가 잠시 아도니스의 곁을 비우게 되었다. 이때 아도니스는 멧돼지 사냥을 나갔다가 거대한 멧돼지의 송곳니에 찔려 치명적인 부상을 입었다. 질투심에 불타오른 아프로디테의 연인 아레스가 멧돼지를 보내 아도니스의 옆구리를 들이받게 만든 것이었다.

백조들이 이끄는 마차를 타고 날아가던 아프로디테는 아도니스의 신음소리를 듣고 황급히 지상으로 내려왔다. 검붉은 피를 흘리며 마지막 숨을 몰아쉬는 아도니스에게 입맞춤을 했지만 그는 그마저도 알지 못했다. 아도니스의 죽음으로 슬픔을 달랠 길 없던 아프로디테는 그를 기념하기 위해 그가 죽은 곳에 피처럼 붉은 꽃이 피어나게 했다.

이 꽃은 아네모네로 알려졌는데 아도니스가 젊은 나이에 죽은 것처럼 약한 바람에도 쉽게 져버려 바람꽃이라고도 불린다.

35

수선화로 피어난 나르키소스

　수선화를 영어로 나르시소스(Narcissus)라고 하는데 그 어원
은 그리스 로마 신화에 등장하는 나르키소스(Narcissos)의 이름
에서 유래하였다.

　나르키소스는 미소년으로 많은 소녀들의 흠모를 받았다. 그
러나 나르키소스는 그 누구의 마음도 받아주지 않았다. 그로 인
해 나르키소스는 복수의 여신 네메시스로부터 자기 자신과 사랑
에 빠지는 벌을 받는다.

　나르키소스는 물에 비친 자신의 아름다운 모습에 반하여 움직
이지도 않고 샘물만 들여다보다가 결국 죽게 된다. 나르키소스
가 죽은 자리에서 아름다운 꽃 한 송이가 피어났는데 이 꽃을 그
의 이름을 따서 수선화(Narcissus)라 불렀다.

신화 속으로

나르키소스

나르키소스는 강의 신 케피소스와 물의 님페 리리오페 사이에서 막내로 태어났다. 리리오페는 나르키소스를 낳고 눈먼 예언자 테이레시아스에게 아들이 오래 살 수 있을지를 물었다. 테이레시아스는 "자기 자신을 모르면 오래 살 것"이라는 알 수 없는 대답을 했다.

아름다운 청년으로 성장한 나르키소스에게 수많은 소녀들과 님페들이 다가와 구애했다. 하지만 자존심 강한 나르키소스는 모든 이들의 사랑을 거절했다. 님페 중 아름답기로 소문난 에코 마저도 그의 마음을 움직일 수 없었다.

나르키소스에 상처받은 여인들 중 한 명이 사랑을 잔인하게 거절한 그에게 짝사랑의 아픔을 깨닫게 해달라고 신에게 기도드렸다. 복수의 여신 네메시스가 기도에 응답하여 나르키소스에게 물에 비친 자신의 모습과 사랑에 빠지게 만들었다.

어느 날 나르키소스는 사냥을 나갔다가 맑은 샘물을 발견했다. 갈증이 난 나르키소스는 목을 축이기 위해 몸을 숙이면서 물에 비친 자신의 모습을 보고 사랑에 빠지게 되었다.

샘물에 손을 뻗어 그에게 닿는 순간 그는 파동 속으로 사라져 버릴 뿐이었다. 그렇게 서로를 갈망했지만 다가갈 수도 말을 건넬 수도 없었다. 그는 샘물 위에 몸을 숙이고 한 곳을 응시한 채 점점 야위어만 갔다.

결국 나르키소스는 샘물 위에 투영된 자신의 모습을 바라보며 애만 태우다가 죽고 말았다. 그는 망자들이 건너는 스틱스 강을 건널 때도 물 위에 비친 자신의 모습을 한 번이라도 더 보기 위해 배 난간 위로 몸을 숙였다.

그의 누이인 물의 님페들은 머리카락을 자르고 나르키소스의 죽음을 애도했으며 숲의 님페들도 슬픔을 함께했다. 누이들이 나르키소스의 장례를 치르려 했으나 그의 시신은 온데간데없고 그 자리에 아름다운 꽃 한 송이가 피어났다.

꽃이 된 나르키소스는 여전히 샘물에 비치는 자신의 모습을 바라보고 있었다. 사람들은 이 꽃을 나르키소스의 이름을 따서 수선화(Narcissus)라 부르게 되었다.

36

히아신스가 된 히아킨토스

히아신스(hyacinth)는 백합과의 꽃을 이르는 말로 그리스 로마 신화에 나오는 미소년 히아킨토스(Hyakinthos)에서 유래되었다. 히아신스는 화려한 자태와 사랑스러운 향기와는 다르게 슬픈 이야기를 간직하고 있는 꽃이다.

그리스 로마 신화에 나오는 미소년 히아킨토스는 태양의 신 아폴론의 사랑을 받는다. 어느 날 아폴론과 히아킨토스가 원반 던지기 시합을 하던 중 히아킨토스는 원반에 얼굴을 맞아 치명상을 입고 죽게 된다.

아폴론은 히아킨토스의 죽음을 애도하며 그가 흘린 피에서 히아신스 꽃이 피어나게 했다.

히아킨토스

미소년 히아킨토스는 스파르타의 왕 아미클라스와 디오메데 사이에서 막내아들로 태어났다. 아폴론은 이 귀여운 남자아이를 영원히 옆에 두고 싶어 할 정도로 사랑했다.

그는 만사를 제쳐두고 히아킨토스를 만나기 위해 스파르타의 아미클라이 지역을 자주 찾았다. 아폴론은 에우로타스 강가에서 히아킨토스와 거닐거나 때로는 사냥을 즐기기도 하였다. 이처럼 아폴론과 히아킨토스는 많은 시간을 함께 나누며 사랑을 쌓아갔다.

그러던 어느 날 아폴론과 히아킨토스는 원반던지기 시합을 하게되었다. 아폴론이 먼저 원반을 집어 들고 하늘 높이 던졌다. 히아킨토스는 원반을 줍기 위해 낙하지점 쪽으로 미리 달려갔다. 원반은 하늘 높이 날아 포물선을 그리며 땅으로 다시 떨어졌다. 막 떨어진 원반이 땅에서 튀어 올라 그의 얼굴을 강타*했다. 히아킨토스는 치명상을 입고 그 자리에 쓰러졌다.

깜짝 놀란 아폴론은 새파랗게 질린 채 히아킨토스에게 달려갔다. 아폴론은 축 늘어진 히아킨토스를 살리기 위해 안간힘을 썼지만 끝내 그는 아폴론의 품에서 고개를 떨궜다. 아폴론은 히아킨토스의 이름을 애타게 부르며 눈물로 그의 얼굴을 온통 적셨다. 아폴론은 "너는 꽃이 되어 내 곁에 머물며 영원히 나의 슬픔을 알리게 될 것"이라 말하며 울부짖었다.

이때 히아킨토스가 쏟은 피에서 티로스의 보랏빛**보다 더 빛나는 백합 모양의 꽃이 수없이 피어났다. 사람들은 이 꽃을 그의 이름을 따서 히아킨토스***라 불렀다. 스파르타 아미클라이에서는 히아킨토스의 죽음을 기리기 위해 매년 초여름에 3일 동안 히아킨티아 축제가 열렸다.

37

헬리오트로피움과 클리티아

클리티아는 그리스 로마 신화에 나오는 물의 님페이다. 클리티아는 태양신 헬리오스의 사랑을 받는다. 그러나 헬리오스가 다른 여성에게 눈을 돌려 레우코토에를 사랑하게 되자 이를 질투하여 그녀를 죽음에 이르게 한다.

하지만 클리티아는 자신도 더 이상 헬리오스의 사랑을 받지 못하자 무척 상심한다. 클리티아는 식음을 전폐하고 땅바닥에 주저앉아 오직 태양만 바라보다가 꽃이 되었다.

클리티아가 변한 꽃이 태양을 바라본다고 해서 해바라기로도 널리 알려졌지만 그녀가 변신한 꽃은 헬리오트로피움(Heliotropium)으로 향일성을 가진 해바라기의 일종이다.

클리티아

천상의 빛으로 모든 것을 훤히 들여다보는 태양신 헬리오스는 아프로디테가 아레스와 바람피우는 것을 목격하고 그녀의 남편인 헤파이스토스에게 알려주었다. 이로 인하여 아프로디테와 아레스는 침실에서 벌거벗은 채 신들의 구경거리가 되는 수모를 당하였다. 아프로디테는 헬리오스에게 앙심을 품고 복수하기로 마음먹었다.

아프로디테는 헬리오스에게 태양의 불길로 세상을 달구듯 여성들에게 주체할 수 없는 욕정의 불길이 타오르게 했다. 이로 인해 헬리오스의 관심은 온통 처녀들에게만 쏠려있었다. 태양신 헬리오스는 때가 되지 않았는데도 불구하고 동쪽 하늘에 나타나거나 바다에 들어갈 시각에도 하늘에서 머무는 등 이상한 행동을 일삼았다.

헬리오스는 아내 페르세이스 외에도 수많은 여성들과 애정행각을 벌였다. 오케아노스의 딸인 물의 님페 클리티아도 헬리오스의 사랑을 받고 있었다. 하지만 헬리오스는 클리티아를 멀리하고 곧 다른 여성에게로 눈을 돌렸다.

페르시아의 오르카모스 왕의 딸 레우코토에에게 반한 헬리오스는 그녀의 어머니 에우리노메의 모습으로 접근하여 정을 통하였다. 클리티아는 질투심에 사로잡혀 레우코토에가 태양신에게 순결을 빼앗겼다는 소문을 퍼뜨렸다.

오르카모스 왕은 이를 가문의 수치로 여겨 딸을 산 채로 땅에 파묻었다. 헬리오스는 레우코토에의 죽음을 슬퍼하며 그녀가 매장된 곳에 암브로시아를 뿌렸다. 그러자 그 자리에 향기로운 냄새를 풍기는 유향나무[*] 한 그루가 자라났다.

레우코토에가 죽은 뒤 헬리오스의 마음은 클리티아로부터 더욱 멀어져 더 이상 그녀를 찾지 않았다. 상심한 클리티아는 머리를 풀어헤친 채 땅바닥에 주저앉아 오직 태양의 행로만 바라보고 있었다.

그렇게 아흐레가 지나자 그녀의 사지가 땅바닥에 들러붙고 태양만 바라보던 그녀의 얼굴은 꽃으로 변하였다. 꽃이 된 클리티아는 여전히 태양이 움직이는 쪽으로만 바라보게 되었다.

---

* 유향나무의 진액인 유향은 향이나 향수를 만드는 데 쓰이고 있다.

불멸의 언어

그리스 로마 신화 속으로

8장

변신이야기로 읽는
그로신

38 자고새가 된 페르딕스

39 거미로 변한 아라크네

40 사자가 된 아탈란테와 히포메네스

38

자고새가 된 페르딕스

    그리스 로마 신화에서 다이달로스의 조카 페르딕스가 변한 새로 알려진 자고새는 생김새가 메추라기와 비슷하지만 메추라기보다 크고 꿩 보다는 작은 편이다.

    그리스의 전설적인 장인 다이달로스는 자신을 능가하는 조카 페르딕스를 시기하여 아크로폴리스 언덕에서 떠밀어 죽였다. 아테나 여신이 페르딕스를 불쌍히 여겨 자고새로 변신시켜 주었다.

    그 후 자고새는 높은 나뭇가지에 둥지를 틀지 않고 하늘 높이 날지도 않았다. 주로 땅 위를 걷거나 지면 가까이로만 날아다니게 되었다. 자고새는 지난날의 추락을 기억하여 높은 곳을 두려워하기 때문이었다.

페르딕스

다이달로스는 대장장이 신 헤파이스토스의 후손으로 다방면에 재능을 지닌 천재적인 명장이었다. 다이달로스의 누이는 열두 살 된 아들 페르딕스를 오라비에게 보내 외삼촌의 가르침을 받게 했다.

페르딕스는 아주 총명하여 물고기 등뼈를 보고 쇠 날에 이를 낸 톱을 발명하고, 막대기의 한쪽을 고정하고 다른 막대를 돌려 원을 그릴 수 있는 컴퍼스를 발명하기도 했다.

그리스 최고의 건축가이며 발명가인 다이달로스는 자신을 앞서는 조카 페르딕스를 시기하여 아테나 여신의 성채인 아크로폴리스 언덕에서 떠밀어 죽였다. 이때 아테나 여신이 페르딕스를 불쌍히 여겨 자고새로 변신시켜 주었다. 조카를 죽인 혐의로 아테네에서 추방당한 다이달로스는 크레타로 피신해 그곳에서 살았다.

이카로스의 추락

아테네의 왕자 테세우스가 미노타우로스를 처단하기 위해 자원하여 크레타로 왔을 때 미노스의 딸 아리아드네 공주가 그를 보고 사랑에 빠졌다. 그녀는 결혼을 조건으로 테세우스에게 미궁에 들어갔다가 빠져나오는 비밀을 알려주었다.

그녀는 테세우스에게 실타래 뭉치를 건네주면서 실을 입구에다 묶고 풀면서 들어갔다가 나중에 그 실을 따라 다시 나오라고 일러주었다. 이는 아리아드네가 미궁을 설계한 다이달로스에게 간청하여 얻은 해결책이었다. 테세우스는 미궁으로 들어가 미노타우로스를 죽이고 나와 아리아드네 공주와 함께 아테네로 떠나버렸다.

미노스 왕은 다이달로스가 아리아드네 공주에게 미궁에서 탈출할 방법을 알려준 사실을 알게 되었다. 분노한 미노스는 다이달로스와 그의 아들을 미궁에 가두었다. 미궁을 만든 다이달로스조차 도표 없이는 그곳을 빠져나올 수 없었다.

빠져나갈 방법은 하늘길 밖에 없다고 생각한 다이달로스는 새들의 깃털을 모아 밀랍으로 붙여 커다란 날개를 만들었다. 그런 다음 그것을 자신과 아들 이카로스의 양쪽 어깨와 팔에 달아 붙였다. 다이달로스는 이카로스에게 너무 높이 날면 태양의 열에 밀랍이 녹아 추락할 수 있고, 너무 낮게 날면 바다의 습기로 날개가 무거워져 물에 빠질 수도 있다고 경고했다.

날개를 단 다이달로스와 이카로스는 미궁을 벗어나 하늘로 힘차게 날아올랐다. 사모스섬이 있는 바다 위를 나를 때쯤 비행에 도취한 이카로스는 아버지의 경고에도 불구하고 너무 높이 날아올랐다. 태양의 뜨거운 열기에 밀랍이 녹아 이카로스는 날개를 잃고 바다로 추락하고 말았다. 그 후 이카로스가 떨어진 바다를 그의 이름을 따서 이카리아해라 불렀다.

다이달로스는 근처의 섬에 내려앉아 아들의 시신을 건져 섬에 묻어 주었다. 이때 새 한 마리가 날갯짓하며 큰 소리로 울면서 그의 곁을 지나갔는데 이 새는 조카 페르딕스가 변한 자고새였다.

39

거미로 변한 아라크네

　그리스 로마 신화에서 뛰어난 자신의 재주를 믿고 신에게 도전했다가 비참한 최후를 맞게 되는 인간들의 이야기가 이따금씩 나온다.

　숲의 정령인 사티로스에 속하는 마르시아스는 자신의 피리 연주 솜씨를 믿고 아폴론에게 도전장을 내밀었다. 아폴론은 연주에서 승리한 후 오만한 마르시아스를 나무에 매달아 산 채로 살가죽을 벗기는 가혹한 벌을 내렸다.

　아라크네도 자신의 베짜는 솜씨를 믿고 아테나 여신에게 도전해 솜씨를 겨누게 된다. 아라크네의 실력에 신들도 감탄했지만 신을 조롱하는 장면을 수놓아 아테나 여신의 분노를 사게 된다. 결국 아테나 여신은 오만한 아라크네를 거미로 변신시켜 버린다.

아라크네

리디아의 콜로폰에서 양털염색 일을 하는 이드몬에게 아라크네라는 딸이 하나 있었다. 아라크네는 비록 가난하고 미천한 집안 출신이지만 베 짜는 솜씨가 빼어나기로 소문이 자자했다. 그녀의 손재주를 보기 위해 주변 사람들뿐만 아니라 숲의 님페들까지 모여들 정도였다.

사람들은 아라크네가 능숙하게 옷감을 짜는 솜씨를 보고 아테나 여신에게 재주를 배운 게 틀림없다며 찬사를 보냈다. 교만해진 아라크네는 반박하며 자신의 솜씨가 오히려 아테나 여신보다 뛰어날 것이라고 말했다.

아라크네에 관한 소문을 들은 아테나 여신은 노파로 변장하고 그녀의 집으로 찾아갔다. 노파는 아라크네에게 신에 도전하는 불손한 태도에 대하여 아테나 여신에게 용서를 구하라고 충고했다. 하지만 아라크네는 도리어 화를 내며 노파를 꾸짖었다. 분노한 아테나 여신은 노파의 모습을 벗어던지고 본연의 자태를 드러냈다.

주변에 있던 사람들은 모두 겁에 질린 채 아테나 여신에게 고개를 조아렸다. 하지만 아라크네는 한 치도 물러서지 않고 아테나 여신에게 베 짜는 솜씨를 겨루고 싶다고 당당하게 말했다. 아테나는 자만심으로 가득 차 있는 아라크네의 도전을 받아들여 수많은 사람들 앞에서 신과 인간의 한판 대결이 펼쳐졌다.

신에 도전한 아라크네

아테나 여신은 거침없는 손놀림으로 씨실과 날실을 교차시키며 아름답게 옷감을 짜 내려갔다. 직조물의 한가운데에는 제우스를 비롯한 올림포스 신들의 위풍당당한 모습과 아테나 자신이 포세이돈과 겨루어 승리*를 거두는 모습을 수놓았다.

네 귀퉁이에는 신들에게 도전하다가 비참한 운명을 맞이한 인간

---

* 아티카의 왕 케크롭스가 다스리는 케크로피아라는 도시의 수호신 자리를 놓고 아테나와 포세이돈이 서로 겨뤄 아테나가 승리하였다.

들의 모습을 짜 넣었다. 그리고 마지막으로 평화의 상징인 올리브나무 가지 모양을 가장자리에 수놓아 둘렀다. 아테나 여신은 신들의 성스러움을 강조하고 신의 권위에 도전하려는 인간들에게 경고의 메시지를 보낸 것이었다.

반면 아라크네는 올림포스 신들의 애정행각을 화려하게 베틀에 펼쳐 놓았다. 독수리, 백조, 황소, 황금 소나기, 구름 등으로 변신하여 불륜을 저지르는 제우스와 황소, 말 등으로 변신하여 여성을 겁탈하는 포세이돈, 여성을 취하는 아폴론과 디오니소스 등을 그려 넣었다. 그리고 담쟁이덩굴과 꽃들로 가장자리를 장식하고 마무리하였다.

《실 잣는 사람들 (아라크네의 우화)》, 벨라스케스, 1657년

아라크네의 탁월한 손재주에 마음이 상한 아테나 여신은 신들을 모욕한 그녀의 불경스러운 작품을 트집 잡아 베 폭을 찢어 버렸다. 그리고 들고 있던 베틀 북으로 아라크네의 이마를 내리쳤다.

　　아라크네는 억울하고 수치스러운 마음에 들보에 목을 매었다. 하지만 아테나 여신은 아라크네를 제 마음대로 죽게 내버려 두지 않았다. 아테나는 신에게 도전하고 신을 모독한 아라크네를 거미로 변신시켜 버렸다. 거미가 된 아라크네*는 평생 공중에 매달려 꽁무니로 실을 짜며 살아가게 되었다.

---

* 그리스어로 아라크네(Arachne)는 '거미'라는 뜻을 가지고 있다.

40

사자가 된 아탈란테와 히포메네스

그리스 로마 신화에서 신들은 신전을 더럽힌 자에 대해 엄벌에 처했다.

어느 날 포세이돈과 메두사는 아테나 여신의 신전에서 사랑을 나눴다. 이를 목격한 아테나 여신은 자신의 신전을 더럽힌 죄를 물어 메두사의 아름다운 머리카락을 모두 뱀으로 만들어 버리고 그녀를 흉측한 괴물로 변하게 했다.

아탈란테와 히포메네스도 마찬가지였다. 두 사람은 어느 날 키벨레 신전에서 사랑을 나눴다. 진노한 키벨레 여신은 자신의 신전을 욕되게 한 두 사람을 사자로 변신시켰다.

사자로 변한 아탈란테와 히포메네스는 더 이상 사랑을 나눌 수 없게 되었으며 키벨레 여신의 전차를 끌고 다니는 벌을 받게 된다.

아탈란테와 황금사과

아탈란테는 스코이네우스와 클리메네 사이에서 딸로 태어났다. 아들을 바라던 스코이네우스는 딸 아탈란테가 태어나자 산속에 내다 버렸다.

암곰의 젖을 먹으며 살아남은 아탈란테는 사냥꾼에게 발견되어 그의 보살핌을 받으며 자랐다. 처녀로 성장한 그녀의 미모는 아르테미스 여신처럼 빛났다. 하지만 사냥꾼들 틈에서 자란 아탈란테는 결혼에는 별 관심 없이 사냥을 즐기며 지냈다.

아탈란테는 칼리돈의 멧돼지 사냥에 참가해 처음으로 자신의 이름을 알렸다. 그녀에게 칼리돈의 멧돼지 사냥은 모험의 시작에 불과했다. 아탈란테는 이아손이 영웅들을 모아 아르고호 원정대를 결성했을 때 여성으로는 유일하게 지원했다. 또한 이올코스에서 열린 펠리아스를 추모하는 격투기 시합에서 펠레우스[*]와 겨뤄 승리를 거두었다.

아탈란테의 명성은 그녀를 버렸던 아버지 스코이네우스의 귀에도 들어가 친부모를 찾을 수 있었다. 그녀의 아버지는 딸에게 결혼하라고 재촉하였다. 아버지의 성화에 아탈란테는 누구든 달리기 시합에서 자신을 이기는 사람과 결혼하겠다고 선언했다. 하지만 경주에서 지는 자는 죽임을 당하게 될 것이라는 조건을 내걸었다. 숲속에서 사냥하며 자란 아탈란테는 달리기라면 그 누구보다도 자신이 있었다.

그녀의 미모에 반한 수많은 남자들이 목숨을 걸고 경주에 나섰다가 죽임을 당했다. 경주를 구경하던 히포메네스는 그녀의 매력에 흠뻑 빠지게 되었다. 그는 죽음의 경주에 나가기로 결심하고 사랑의 여신 아프로디테에게 경주에 이기게 해달라고 간절히 빌었다. 아프로디테는 히포메네스의 간청에 응답하여 그에게 황금 사과 세 개를 주며 그 사용법을 알려주었다.

드디어 두 사람의 경주가 시작되었다. 아탈란테가 앞서 나가자 히포메네스는 그녀 앞쪽으로 황금 사과를 하나 던졌다. 아탈

---

[*] 펠레우스는 프티아의 왕으로 칼리돈의 멧돼지 사냥, 아르고호의 모험 등에 동참했다. 트로이 전쟁의 영웅 아킬레우스의 아버지이기도 하다.

란테가 신기한 사과를 줍기 위해 멈춰 선 순간 히포메네스는 그녀를 앞질렀다. 아탈란테가 다시 앞서자 두 번째 황금 사과를 던져 그녀가 지체하는 동안 히포메네스는 앞서 나갈 수 있었다.

그녀는 눈 깜박할 사이에 히포메네스를 다시 따라잡았다. 마침내 결승점이 눈앞에 다가왔을 때 히포메네스는 마지막 세 번째 황금 사과를 아탈란테 앞에 떨어뜨렸다. 그녀가 주춤하는 사이에 간발의 차로 히포메네스가 먼저 결승점을 통과하였다.

《히포메네스와 아탈란테》, 귀도 레니, 1615-1625년

아탈란테와 히포메네스의 슬픈 사랑

경주에서 승리한 히포메네스는 마침내 아탈란테를 아내로 맞이하게 되었다. 부부가 된 두 사람은 어느 날 사냥을 나갔다가 제우스의 신전에서 사랑을 나누었다. 제우스는 신전을 더럽힌 죄를 물어 아탈란테와 히포메네스를 암사자와 수사자로 만들어 버렸다.

또 다른 설에 따르면 히포메네스가 아탈란테를 아내로 얻은 뒤 감사의 제물을 바치지 않아 아프로디테를 노하게 하였다고 한다. 진노한 아프로디테 여신이 두 사람에게 욕정을 불러일으켜 키벨레*여신의 신전에서 사랑을 나누게 만들었다.

키벨레 여신은 자신의 신전을 욕되게 한 아탈란테와 히포메네스에게 인간의 모습을 박탈하고, 더 이상 사랑을 나누지 못하도록 사자**로 변신시켜 버렸다. 그런 다음 그들을 수레에 매어 자신의 수레를 끌게 하였다.

이로써 아탈란테와 히포메네스는 영원히 서로 사랑을 나눌 수 없게 되었다.

---

* 키벨레(시벨레)는 그리스 신화의 레아와 동일시된다. 제우스의 모신인 키벨레는 풍요 다산의 여신이자 산림의 수호신으로 사자가 이끄는 전차를 타고 산야를 달린다고 여겼다.
** 고대 그리스인들은 사자가 표범과 교미하여 새끼를 낳는다고 생각했으며 사자는 서로 관계를 맺을 수 없다고 믿었다.

키벨레 여신의 수레를 끄는 아탈란테와 히포메네스

스페인 마드리드 시벨레스 광장의 시벨레스 분수

불멸의 언어

초판 1쇄 발행   2024년 4월 20일

지은이 | 권혁진
펴낸곳 | ㈜성공신화 R&D
디자인 | 권민경

등록일 | 2023년 4월 3일
주소 | 서울시 마포구 양화로 114
전화 | 02-2654-1231
ISBN | 979-11-984843-2-1